Bäume
+ Sträucher

Birgit Kuhn

compact
kids

Bisher sind in dieser Reihe erschienen:

Vögel	Tierkinder	Schmetterlinge	Gebirge	Bedrohte Tiere	Teich, Fluss + See
ISBN	ISBN	ISBN	ISBN	ISBN	ISBN
978-3-8174-7928-3	978-3-8174-9129-2	978-3-8174-9128-5	978-3-8174-8741-7	978-3-8174-8740-0	978-3-8174-8373-0

Meer, Strand + Küste	Steine, Minerale + Fossilien	Tiere im Wald + auf der Wiese	Blumen, Gräser + Kräuter	Insekten, Spinnen + Co.
ISBN	ISBN	ISBN	ISBN	ISBN
978-3-8174-8372-3	978-3-8174-8248-1	978-3-8174-8247-4	978-3-8174-7931-3	978-3-8174-7929-0

compact kids ist ein Imprint der Compact Verlag GmbH

© Compact Verlag GmbH
Baierbrunner Str. 27, 81379 München
Ausgabe 2015
7. Auflage

Text: Birgit Kuhn
Chefredaktion: Dr. Matthias Feldbaum
Redaktion: Elena Bruns
Produktion: Ute Hausleiter
Abbildungen: siehe Bildnachweis Seite 80
Illustrationen (Sonderseiten/Ausmalbilder): Doris Weigl
Titelabbildungen: www.fotolia.de: Beboy (u.); reises (l.);
Monika Adamczyk (m.); Pétrouche (o., h.)
Gestaltung: ekh Werbeagentur GbR
Umschlaggestaltung: ekh Werbeagentur GbR

ISBN 978-3-8174-7930-6
5479301/7

www.compactverlag.de

Hallo an alle großen und kleinen Naturdetektive!

Wolltet ihr schon immer wissen, wie ihr selbst ein Weidentipi oder eure eigene Wetterstation aus Nadelbaumzapfen bauen könnt?

Mit diesem spannenden Naturführer lassen sich nicht nur Bäume und Sträucher voneinander unterscheiden, sondern er bietet euch auch jede Menge Spiel, Spaß und ... super Aktionen mit und in der Natur!

Darüber hinaus will jede Naturerforschungsexpedition gut vorbereitet sein und da kommen die vielen spannenden Hintergrundinformationen ins Spiel. Aber vielleicht wisst ihr auch schon, warum sich Blätter im Herbst verfärben? Diese und alle anderen Antworten auf die Fragen im Quiz könnt ihr nämlich hier erfahren.

Noch mehr Spiele, Naturerforschungstipps und Wettbewerbe, bei denen es auch tolle Preise zu gewinnen gibt, findet ihr im Internet unter www.naturdetektive.de, einem Projekt des Bundesamtes für Naturschutz.

Jeder kann mitmachen! Also, schaut einfach mal vorbei!

Eure

Beate Jessel
Präsidentin des Bundesamtes
für Naturschutz

Inhalt

Extras

Einführung

Baum oder Strauch? Ist die Frucht essbar oder etwa giftig? Wie heißt die Pflanze? Dieses Buch bringt dich auf die richtige Spur ...

Jede Pflanzenart hat Merkmale, die nur sie allein besitzt. Doch meistens handelt es sich dabei nicht nur um ein einziges Merkmal, das eine Art von allen übrigen unterscheidet. Deshalb ist es notwendig, dass du die Pflanze insgesamt im Blick hast.

Bei Bäumen und Sträuchern solltest du auf folgende Merkmale, die auch in unseren Pflanzenporträts erwähnt sind, achten: Größe, Farbe und Form der Blüten, Früchte und Samen sowie die Farbe und Oberfläche der Rinde. Außerdem auf die Form und die Farbe der Nadeln sowie der Blatt- und Blütenknospen. Ferner sind die Zapfen, die maximale Größe beziehungsweise Höhe der Pflanze, ihr Wuchs und der Standort wichtig.

Viele Pflanzen haben typische Früchte.

Laubbäume und -sträucher sehen nicht das ganze Jahr über gleich aus. Sie verlieren im Herbst ihre Blätter und treiben im Frühjahr aus. Oft blühen sie und bilden auffällige Früchte beziehungsweise Samen. So viele Merkmale, die sich verändern – das klingt kompliziert! Doch das ist es nicht. Pflanzen verändern ihr Aussehen nicht alle gleichzeitig: Manche Laubbäume und -sträucher treiben zu Beginn des Frühjahrs aus, während andere noch kahl sind. So ergeben sich weitere Unterscheidungsmerkmale.

Manchmal kannst du Bäume an der Rinde erkennen.

Zu welchem Baum gehören wohl diese Nadeln?

einem Nadelbaum. Wie sehen die Nadeln aus? Wie die Zapfen? Wie wächst der Baum? Blättere zum Kapitel der Nadelbäume und vergleiche die Merkmale des Baumes mit den Bildern und Beschreibungen im Buch. Passt alles zusammen, dann hast du den Baum richtig bestimmt!

Wann weist eine Pflanze welche Merkmale auf? Dein Bestimmungsbuch gibt an, wann eine Pflanze blüht und wann ihre Früchte beziehungsweise Samen reif sind. Und es erklärt, zu welcher Zeit du die Pflanze am leichtesten bestimmen kannst.

Pflanzen bestimmen – so gehts

Wenn du unterwegs Bäume und Sträucher bestimmen willst, solltest du dieses Buch zur Hand haben. Hier findest du neben den Beschreibungen der Pflanzen auch Fotos. Am einfachsten ist es, wenn du dich anfangs auf eine Pflanzengruppe, zum Beispiel Nadelbäume, beschränkst. Angenommen, du stehst vor

Zapfen helfen dir bei der Bestimmung von Nadelbäumen.

Willst du ein echter Naturdetektiv werden?

Dann informiere dich auch im Internet unter www.naturdetektive.de. Dort findest du Hinweise zum Projekt „Naturdetektive" des Bundesamtes für Naturschutz und viele spannende Auskünfte über unsere heimische Tier- und Pflanzenwelt. Mach mit und erkunde die Natur!

Baum und Strauch – Was ist der Unterschied?

Bäume sind vor allem eines – groß; es gibt Arten, die über 100 Meter hoch werden können. Doch nicht nur die Größe spielt eine Rolle. Bäume bilden einen Stamm; ihre Äste verzweigen sich in einer Krone. Oder sie bilden – wie Nadelbäume – direkt und nur am Stamm Äste aus. Anders die Sträucher: Mit höchstens zehn Metern Höhe sind sie meist nicht nur deutlich kleiner als Bäume. Sie haben auch keinen Hauptstamm, sondern Stämmchen, die sich dicht über dem Boden verzweigen. Manche Sträucher, zum Beispiel der Kriechwacholder, breiten sich sogar unmittelbar über dem Boden aus.

Fichte, Buche, Eiche, Birke, Tanne … sind Bäume, keine Frage. Es gibt aber besondere „Fälle": Auch Bäume können in der Strauchform wachsen. Junge Hainbu-

Bäume bilden einen einzigen Stamm.

chen, die im Unterholz stehen, wachsen anfangs als Strauch. Erst nach einiger Zeit bildet sich ein Stamm heraus. Ob ein Baum als „echter" Baum oder strauchförmig wächst, hängt vom Standort ab: Hoch oben im Gebirge und im Norden, am Polarkreis, sind die Lebensbedingungen für Bäume nicht so gut. Die Baumarten, die hier gedeihen, wachsen meist „nur noch" als Strauch.

Sträucher verzweigen sich meist dicht über dem Boden.

Nadel- und Laubbäume

Laubbäume heißen Laubbäume, weil sie Blätter – also Laub – tragen. Entsprechendes gilt für die Nadelbäume: Sie haben Nadeln. Allerdings kommt noch ein Merkmal dazu. Nadel- und Laubbäume gehören aufgrund ihrer Blüten zu zwei verschiedenen Pflanzen-

Nadelbäume haben Nadeln.

Zweige unterteilen. So entsteht eine rundliche oder ovale Krone. Anders die Nadelbäume: Ihre Form ist meist dreieckig, unten breit und oben spitz.

Laub- und Nadelbäume unterscheiden sich auch im Wuchs.

Stichwort „Blätter": Streng genommen sind auch die Nadeln der Nadelbäume Blätter. Sie sind nur viel schmaler und kürzer als die der Laubbäume und mit einer Wachsschicht überzogen. So können sie im Winter nicht austrocknen. Beide, Laub- und Nadelbäume, verlieren nach einer gewissen Zeit ihre Blätter. Bei den meisten Laubbäumen geschieht das jedes Jahr, aber auch Nadelbäume verlieren ständig Nadeln, nur nicht alle auf einmal.

gruppen. Laubbäume zählen – wie Blumen und blühende Sträucher – zu den Bedecktsamern oder Blütenpflanzen, während Nadelbäume Nacktsamer sind.

Auch im Wuchs gibt es Unterschiede: Der Stamm von Laubbäumen verzweigt sich in mehrere große Äste, die sich in

Warum verfärben sich die Blätter der Laubbäume und -sträucher im Herbst?

Rot, gelb, orange, braun – im Herbst sind die Blätter der Laubbäume und -sträucher bunt. Aber wieso? Die Antwort ist ein wenig kompliziert und hat mit dem Wasser zu tun. Damit das Wasser aus dem Boden bis in die Baumkrone gelangen kann, verdunsten Laubbäume ständig Flüssigkeit über die Blätter. Das führt dazu, dass Wasser aus den Wurzeln nachgesaugt wird.

grüne Farbe, sodass nun die roten und gelben Farbstoffe, die im Frühling und Sommer von dem Blattgrün überdeckt wurden, sichtbar werden. Gleichzeitig lagert der Baum die Nährstoffe – Proteine, Kohlenhydrate, Fette und Mineralien, die sich in den Blättern befan-

Im Herbst verfärben sich die Blätter.

Im Winter ist es manchmal so kalt, dass der Boden und in ihm das Wasser gefriert. Es kann also kein Wasser mehr in die Blätter transportiert werden. Dann hilft nur eins: die Verdunstungsfläche reduzieren. Das geschieht, indem die Laubbäume und -sträucher ihre Blätter abwerfen. Das geht Schritt für Schritt.

Zuerst wird der grüne Farbstoff Chlorophyll in den Blättern abgebaut. Dabei verlieren sie ihre

den – im Stamm und in den Wurzeln ein. So kann der Baum die Winterzeit gut überstehen und hat dann genügend Energie für den Austrieb im Frühjahr.

Lebensraum Hecke

Stehen Bäume und Sträucher nebeneinander in einer Reihe, dann spricht man von einer Hecke. Mit einer Hecke kann man nicht nur Gartengrundstücke voneinander abgrenzen. Auch in der naturnahen Landwirtschaft gibt es Hecken. Weil dort sehr viel mehr Platz ist als in Wohnvierteln, werden die Pflanzen nicht mit der Heckenschere getrimmt und klein gehalten.

Hecken bieten vielen Tieren Schutz und Nahrung.

Besonders wertvoll sind breite, frei wachsende Hecken mit vielen verschiedenen Pflanzen – Blumen, Gräsern, Sträuchern und Bäumen. In Hecken findest du sehr viele Pflanzen, die in diesem Buch beschrieben sind, zum Beispiel die Heckenrose, die Esche, das Pfaffenhütchen oder den Schneeball. Hecken sind Windbrecher: Sie verhindern, dass der Wind wertvollen Humus von den Feldern wegweht. Gleichzeitig sind sie ein Rückzugsgebiet für viele Tiere. Im Frühjahr bieten sie Insekten, die eine Reihe von Pflanzen auf den Feldern bestäuben, Nahrung.

Mit Hecken kann man Gärten begrenzen.

Laubbäume

Eiche

Höhe: 30 bis 50 m
Blütezeit: April bis Mai
Früchte: Oktober

Besonders auffällig sind die Früchte der Eichen – die Eicheln. Sie stecken in einer Art Becher und sind anfangs noch grün. Sobald sie sich braun verfärbt haben, sind sie reif und fallen auf den Boden.

Lebensraum

Eichen mögen es hell. Du findest sie an Waldrändern, in Laubmischwäldern und sehr häufig auch in Parks. Bei uns gibt es zwei verschiedene Arten, die einander sehr ähnlich sind – die Stieleiche und die Traubeneiche.

Merkmale

Die Eiche ist leicht an ihren unregelmäßig gebuchteten Blättern zu erkennen. Alte Eichen sind knorrige Bäume, die sich bereits wenige Meter über dem Erdboden verzweigen und so sehr gute Kletterbäume abgeben. Doch Vorsicht: Die Rinde der Eiche ist tief gefurcht und du kannst dich daran leicht verletzen.

Eine prächtige Eiche

Schon gewusst?

In der Landwirtschaft spielte die Eiche früher eine wichtige Rolle, denn die Bauern mästeten im Herbst ihre Schweine mit den Eicheln. Auch das widerstandsfähige Holz war sehr begehrt. Bis zum Ende des 19. Jahrhunderts wurden Schiffe daraus gefertigt. Heute stellt man aus Eichenholz vor allem Möbel her.

Ahorn

Höhe: 30 m
Blütezeit: Mai
Samenreife: Ende September
bis Oktober

Merkmale

Der Ahorn ist in Europa, Nordamerika und Asien weitverbreitet. 130 verschiedene Arten gehören zur Ahornfamilie. Allen Arten ist die Blattform gemeinsam: Ahornblätter sind fünflappig, wobei die Form der einzelnen Lappen von Art zu Art variiert. Bei manchen Arten, wie etwa beim Silberahorn, sind sie sehr tief eingeschnitten und haben einen stark gezähnten Rand. Bei anderen Arten hingegen sind die Einschnitte weniger tief und die Ränder nur unregelmäßig gezähnt.

Besonders auffällig sind die Früchte: Die Samen, zwei kleine kugelförmige Nüsschen, hängen wie zwei Flügel an einem Büschel. Wenn du ein Flügelchen öffnest, kannst du es dir auf die Nase setzen – das sieht lustig aus!

Lebensraum

Der Bergahorn wächst am liebsten in Mischwäldern zusammen mit anderen Laubbäumen, zum Beispiel mit Buchen. Du findest ihn jedoch auch in Gärten und in Parks.

Bunte Ahornblätter

Samen des Ahorns

Schon gewusst?

Seit 1965 ziert das Ahornblatt die Flagge Kanadas. Aus Kanada stammt auch der Ahornsirup, der aus dem Saft des Zuckerahorns gewonnen wird. Ahornsirup schmeckt sehr lecker zu Pfannkuchen, Milchreis oder Grießbrei.

Birke

Höhe: 20 bis 30 m
Blütezeit: April bis Mai
Samenreife: August

ihnen entwickeln sich kleine geflügelte Samen, die bereits im August durch die Luft wirbeln.

Lebensraum

Birken sind anspruchslose Bäume. Sie wachsen an Stellen, an denen die meisten anderen Bäume nicht mehr gedeihen: auf Brach- und Schotterflächen, in Mooren und Sümpfen. Das ist auch der Grund, warum es in nördlichen Gegenden, das heißt in Skandinavien, in Sibirien und in Nordamerika, solch ausgedehnte Birkenwälder gibt.

Merkmale

Birken gehören zu den Bäumen, die du besonders leicht erkennen kannst: Typisch für die zierlichen, schlanken Bäume ist der weiße, glatte Stamm, der von dunklen Furchen durchzogen ist. Birken haben vier bis sieben Zentimeter große, fein gesägte grüne Blätter, die sich im Herbst leuchtend gelb verfärben.

Am auffälligsten ist die Birke im Frühjahr: Dann schmücken die Äste lange gelbe Blüten – die Hängekätzchen. Aus

Probiers aus!

Zu Ostern kannst du Birkenzweige in eine Vase stellen und mit ausgeblasenen und bemalten Ostereiern schmücken. Wenn du Glück hast, blühen die kleinen Kätzchen zum Osterfest und die ersten grünen Blätter treiben aus!

Birken sind an ihren weißen Stämmen leicht zu erkennen.

Das Blatt einer Birke

Rosskastanie

Höhe: bis 25 m
Blütezeit: Mai bis Juni
Samenreife: September bis Oktober

Merkmale

Die Rosskastanie gehört zu den imposantesten und schönsten Laubbäumen. Ihre Blätter sind handförmig geteilt und sehr groß: Die mittleren Fiederblätter können bis zu 25 Zentimeter lang werden! Im Mai, nachdem die Blätter ausgetrieben haben, schmücken sich Rosskastanien mit zahlreichen Blüten, die wie Kerzen nach oben stehen. Bis in den September wachsen daraus rotbraun glänzende Samen in einer stacheligen, grünen Kapsel.

Lebensraum

Rosskastanien findet man bei uns in den Städten und auf dem Land in Dörfern. Vor allem im Süden Deutschlands sind sie als Schatten spendende Biergartenbäume sehr beliebt.

Eine Rosskastanie im Sommer

Blütenfarben

Ist dir auch schon aufgefallen, dass die Kastanienblüten von Baum zu Baum etwas unterschiedlich aussehen? Das liegt daran, dass die Blüten anfangs einen gelben Fleck haben, mit dem sie signalisieren: Hier wird Nektar produziert. Ein bis zwei Tage später, sobald kein Nektar mehr gebildet wird, verfärbt sich der Fleck rot. Auf diese Weise lenken die Kastanien die Insekten, die für die Fortpflanzung des Baums sorgen, zielgerichtet zu den Blüten, die bestäubt werden können.

Eberesche

Merkmale

Die Eberesche ist fast das ganze Jahr über ein echter Hingucker. Im späten Frühjahr leuchten die Blütenstände mit unzähligen kleinen, weißen Blüten. Aus ihnen entwickeln sich bis in den Herbst hinein auffallend hellrote Früchte, die in schirmförmigen Fruchtständen am Baum hängen. Sie stechen nicht nur uns ins Auge. Die Früchte sind bei den Vögeln so begehrt, dass Ebereschen sehr schnell abgeerntet sind. Daher heißen sie auch Vogelbeerbaum. Für uns Menschen sind die Früchte roh jedoch ungenießbar!

Höhe: bis 20 m
Blütezeit: Mai bis Juni
Samenreife: September bis Oktober

Die Blätter der Eberesche sind ebenfalls auffällig: Mit 20 Zentimeter Länge sind sie verhältnismäßig groß und gefiedert. Die einzelnen Fiederblättchen sind am Rand gezähnt. Im Herbst färben sich die Blätter gelb und rot. Weil die Eberesche so schön ist und viele Vögel anlockt, wird sie bei uns als Gartenbaum immer beliebter.

Die Beeren der Eberesche sind ein Leckerbissen für Vögel.

Schon gewusst?

Die Eberesche ist der einzige Baum, der auch nach dem Abwerfen der Blätter über die Rinde Fotosynthese betreiben und dadurch Energie gewinnen kann. So muss sie sich keine Sorgen darüber machen, wie sie die kältere Jahreszeit überstehen soll.

Die Eberesche fällt das ganze Jahr über auf.

Lebensraum

Ebereschen sind echte Pioniere: Wie Birken wachsen sie an Stellen, an denen andere Bäume kaum mehr gedeihen können, zum Beispiel hoch oben im Gebirge und in nördlichen Regionen. Dort liefern sie den Waldvögeln und vielen anderen Tieren wertvolle Nahrung.

Robinie

Höhe: 25 m
Blütezeit: Mai
Samenreife: Oktober

Merkmale

Am leichtesten erkennst du die Robinie während der Blütezeit. Dann schmücken zwischen zehn und 25 weiße Blüten, die traubenförmig an einem Stiel hängen, den Baum. Mit ihrem Nektar versorgen die Blüten neben den Bienen viele weitere Insektenarten mit Nahrung. Bis zum Herbst reifen daraus die Früchte – lange Schoten, in denen sich die Samen befinden. Wenn du neben einer Robinie stehst, siehst du vielleicht Triebe aus dem Boden hervorwachsen. Diese tragen dieselben gefiederten Blätter mit Dornen an den Stielen wie der Baum selbst. Das hat einen einfachen Grund: Die Robinie vermehrt sich auch über unterirdische Wurzelsprosse.

Lebensraum

Die Robinie stammt aus Nordamerika; bei uns wird sie als Park- und Straßenbaum angepflanzt. Sie fühlt sich an trockenen und warmen Plätzen wohl.

Schon gewusst?

Die Robinie ist nicht nur schön anzusehen. Ihr Holz ist außergewöhnlich hart und haltbar. Ihren wohlklingenden Namen verdankt sie Jean Robin, der im 17. Jahrhundert am französischen Königshof arbeitete. Jean Robin zog aus Samen, die er sich aus Amerika hatte mitbringen lassen, die ersten Robinien in Europa.

Die Robinie hat eine sehr raue Rinde.

In den langen Schoten reifen die Samen.

Erle

Höhe: 10 bis 25 m
Blütezeit: März bis April
Samenreife: ab September

Die Erle wächst meist an Gewässern.

Männliche Erlenblüten

Merkmale

Es gibt rund 30 verschiedene Erlenarten; am häufigsten ist bei uns die Schwarzerle. Das Besondere an Erlen sind die weiblichen Blüten, die zu kleinen run-den Zapfen verholzen. Anfangs sind sie grün und werden braun, sobald die Samen reif sind. Die männlichen Blüten nennt man – wie bei Weiden, Haselnusssträuchern und Birken – Kätzchen.

Typisch für die Schwarzerle ist die Form ihrer Blätter: Sie sind – anders als zum Beispiel bei der Grauerle und der Grünerle – fast rund; dabei befindet sich vorn, also dort, wo die meisten Blätter ihre Blattspitze haben, eine kleine Einkerbung.

Lebensraum

Erlen wachsen am liebsten an Fließgewässern, das heißt an Bach- und Flussufern. Anders als vielen anderen Bäumen macht es ihnen überhaupt nichts aus, wenn ein Gewässer über die Ufer tritt und die Wurzeln mehrere Tage im Wasser stehen.

Schon gewusst?

Die Erle ist ein Tierparadies: Wissenschaftler haben herausgefunden, dass mehr als 150 Insektenarten – darunter 75 Schmetterlingsarten – sowie mehrere Dutzend Vogel- und über 70 Großpilzarten rund um die Schwarzerle zu finden sind.

Espe

Höhe: bis 30 m
Blütezeit: März bis April
Samenreife: Mitte Mai

Bei den Espen gibt es männliche und weibliche Bäume. Männliche Espen erkennst du an den fünf bis zehn Zentimeter langen Staubkätzchen. Die Blüten der weiblichen Bäume haben ebenfalls eine „Kätzchenform". Schon Mitte Mai sind die Samen, die sich darin entwickeln, reif. Sie besitzen einen Schopf aus weißen Flaumhärchen, die dafür sorgen, dass die Samen vom Wind fortgetragen werden.

Merkmale

„Du zitterst ja wie Espenlaub!" – Den meisten Kindern ist die Espe durch diesen Ausspruch bekannt. Das Besondere an Espen ist tatsächlich das Laub: Die Blätter sind fast rund und an den Rändern gezähnt. Ihre Stiele sind sehr lang und stark abgeflacht, sodass sich die Blätter bereits beim leisesten Windhauch bewegen.

Das Laub der Espen bewegt sich schon beim kleinsten Lufthauch.

Schon gewusst?

Zu Beginn des Frühlings, wenn die Vorräte des Winters zu Ende waren, schälten die Indianer Nordamerikas Espen und aßen täglich die Innenrinde, den sogenannten Bast.

Lebensraum

Sofern es ausreichend Sonne gibt, gedeihen Espen an nahezu jedem Standort. An trockenen, sonnigen Stellen verzweigen sie sich bereits kurz über dem Boden und wachsen als Strauch. Auf nahrhaften Böden mit viel Humus werden sie bis zu 30 Meter hoch.

Die Rinde der Espe

Hainbuche

Merkmale

Hainbuchen sind leicht an ihren Blättern zu erkennen: Sie sind fünf bis elf Zentimeter groß, oval und an den Rändern scharf gesägt. Besonders markant sind die Seitennerven, die die Blätter mit Nährstoffen und Wasser versorgen. Sie verlaufen parallel und treten bei jedem Blatt deutlich hervor. Im Herbst färben sich die Blätter graubraun und bleiben bis in den Winter an den Zweigen hängen.

Höhe: 20 bis 25 m
Blütezeit: April bis Mai
Samenreife: Oktober

Die Hainbuche wird gern als Hecke angepflanzt.

Die Hainbuchen blühen im April und im Mai. Die geflügelten Samen, die sich aus den Blüten entwickeln, sind aber nicht etwa Bucheckern. Das hat einen einfachen Grund – Hainbuchen sind gar keine Buchen, sie werden zu den Birkengewächsen gezählt. Wie bei den Birken hängen die Samen der Hainbuchen an Flügelchen und werden vom Wind verbreitet.

Lebensraum

Die Hainbuche ist ein typischer Gartenbaum. Weil sie nach einem Rückschnitt immer wieder austreibt, wird sie in Gärten gern als Hecke angepflanzt. Doch auch im Wald ist sie häufig zu finden.

Samen der Hainbuche

Schon gewusst?

Die Hainbuche hat das härteste Holz aller bei uns heimischen Bäume. Deswegen nennt man die Hainbuche auch Steinbuche. Während man früher, als Metall knapp und teuer war, Fahrzeug- und Maschinenteile aus Hainbuchenholz fertigte, wird heute vor allem Fußboden-Parkett daraus hergestellt.

Silberweide

Höhe: bis 25 m
Blütezeit: April bis Mai
Samenreife: Juni

Lebensraum

Die Silberweide ist die größte bei uns heimische Weidenart. Silberweiden wachsen am liebsten dort, wo es feucht ist, zum Beispiel an Fluss- und Seeufern. Dort tragen sie erheblich zur Festigung des nassen Erdbodens bei. In Mooren fühlten sie sich jedoch nicht wohl. Eine Zuchtform der Silberweide ist die Trauerweide. Ihre Äste und Zweige hängen so stark nach unten, dass sie bis zur Wasseroberfläche reichen.

Merkmale

Aus der Ferne sehen Silberweiden sehr edel aus – ihre langen, schmalen, silbrig behaarten Blätter schimmern und funkeln im Sonnenlicht. Auffällig ist die Silberweide jedoch auch ohne Blätter, wenn sie im Frühjahr blüht. Ihre Blüten, Kätzchen genannt, sind ebenfalls feinsilbrig behaart. Ihr Nektar ist eine wichtige Nahrung für die Bienen, die nach dem Winter sehr hungrig sind.

Die Trauerweide ist eine Zuchtform der Silberweide.

Schon gewusst?

Bei uns werden zur Osterzeit gern ein paar Weidenzweige in eine Vase gestellt. Dort öffnen sich dann schon nach wenigen Tagen die Knospen und die Kätzchen kommen hervor. Da die Weidenkätzchen allerdings eine der wenigen Nahrungsquellen sind, die Bienen zu Beginn des Frühjahrs finden können, solltest du lieber auf diesen Brauch verzichten.

Weidentipi

Versteckst du dich gern draußen oder spielst du gern in einem Unterschlupf? In einem Weidentipi kannst du beides. Das Beste daran: Es ist ein Stück Natur, das du selbst gestalten kannst.

Dazu benötigst du:

20 Weidenstangen (ca. 3 m lang, Durchmesser ca. 2 bis 5 cm), Gartenschere, Spaten und Schaufel, Stöckchen und Schnur (ca. 1,2 m), Sägespäne, evtl. Sand und Kies, Bast oder Schnur (ca. 60 cm), Gießkanne, Wasser

Gieße dein Tipi täglich.

Und so gehts:

Damit die Weiden genügend Licht bekommen, benötigst du einen sonnigen Platz in eurem Garten. Er sollte eine Grundfläche von etwa zwei mal zwei Metern haben. So wird das Tipi groß genug, um später mit einem Freund oder einer Freundin darin spielen zu können.

Tipis sind rund. Um den Kreis zu markieren, gehst du folgendermaßen vor: Nimm einen Stab und binde eine Schnur von etwas mehr als einem Meter Länge

daran. Stecke den Stab in die Mitte der Grundfläche. Spanne die Schnur und streue, während du um den Stab gehst, Sägespäne aus. Überlege dir nun, wo der Eingang zum Tipi liegen soll, und markiere die „Türpfosten" mit Steinen.

Ist der Boden zu feucht, muss er zuerst ausgehoben werden.

Im Anschluss folgen die „Bauarbeiten". Prüfe zuerst den Boden. Ist er trocken und sandig, kannst du gleich zum nächsten Schritt übergehen. Ist er feucht und humusreich, muss er ausgehoben werden. Lass dir dabei von deinen Eltern oder großen Geschwistern helfen. Füllt die Stelle dann zuerst mit Kies und anschließend mit Sand auf. So kann das Wasser später gut versickern und du musst nicht im Matsch spielen.

Weiter gehts mit dem „Gerüst", dem eigentlichen Tipi. Stecke die 20 Weidenstangen in einem Abstand von 30 Zentimetern rund 20 Zentimeter tief in den Boden. Nur den Eingang lässt du frei. Wenn der Boden verdichtet oder sehr steinig ist, solltest du vor dem Pflanzen einen Graben von etwa 30 Zentimeter Tiefe ausheben und ihn anschließend mit Humus füllen.

Sind alle Ruten in der Erde? Bitte einen Erwachsenen, sie oben, etwa 20 Zentimeter unterhalb der Spitze, mit Bast oder einer Schnur zusammenzubinden.

Bevor du im Tipi spielen kannst, müssen die Ruten angewachsen sein. Deshalb musst du sie täglich gießen und erst einmal warten, bis sie austreiben.

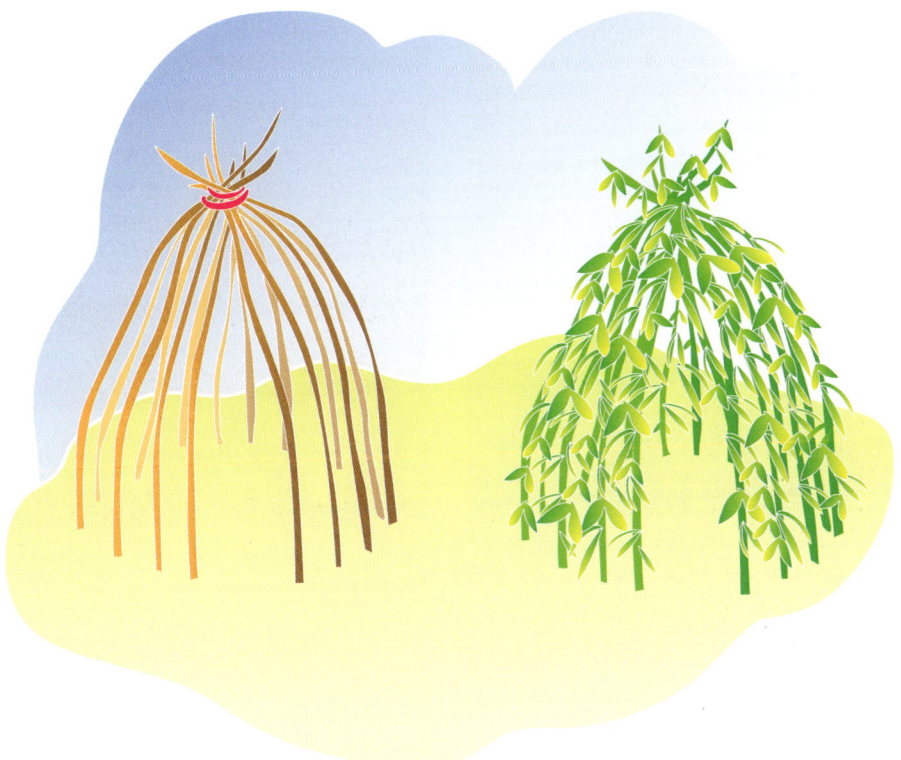

Binde die Weidenruten oben zusammen und warte, bis sie zu sprießen beginnen.

Esche

Höhe: bis 40 m
Blütezeit: April bis Mai
Samenreife: Juli bis Oktober

Merkmale

Eschen kann man am leichtesten im Frühjahr erkennen: Wenn alle anderen Laubbäume bereits ihr Blätterkleid tragen, ist die Esche noch kahl. Sie ist die heimische Baumart, die als Letzte – manchmal sogar erst im Juni – austreibt. Im Herbst ist es genau umgekehrt. Während die übrigen Laubbäume ihr Laub bereits abgeworfen haben, ist die Esche noch immer grün.

Typisch für die Esche sind die schwarzen, zwiebelförmigen Knospen, die wie kleine Farbtupfer am Ende oder seitlich an den grauen Zweigen sitzen. In ihnen sind die Blüten und die gefiederten Blätter samt Stiel (sie können bis zu 40 Zentimeter lang werden) verborgen. Die einzelnen Blattfiedern sind gesägt.

Winterfutter

Früher pflanzten Bauern in der Schweiz Eschen in die Nähe ihrer Höfe. Im Sommer wurde das Laub der Eschen geerntet und getrocknet. So hatten die Tiere – neben dem Heu – in den Wintermonaten zusätzliches Futter.

Lebensraum

Wie die Erlen lieben Eschen feuchte Böden. Du findest deshalb häufig beide Baumarten in der Nähe von Bächen und Flüssen.

Die Esche treibt erst spät aus.

Eschenblatt

Platane

Höhe: 30 bis 40 m
Blütezeit: Mai
Samenreife: September

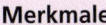

Die stachelige Frucht der Platane

Merkmale

Platanen sind ausgesprochen schöne Bäume, aber nicht ganz leicht zu bestimmen. Ihre drei- bis fünflappigen Blätter sehen Ahornblättern zum Verwechseln ähnlich. Dazu kommen die kugeligen, mit Stacheln besetzten Früchte, die so ähnlich wie Esskastanien aussehen.

Doch es gibt ein Merkmal, das typisch für Platanen ist – der Stamm. Die graubraune Borke umhüllt den Stamm wie eine dünne, mehrschichtige Schale. Wenn der Stamm dicker wird, lösen sich Teile in Form unregelmäßiger Platten. Das erklärt, warum Stamm und Äste so aussehen, als wären sie mit einem Tarnmuster überzogen. Weil sich bei der Platane die Farbe des Stammes ständig ändert, wird sie auch Kleiderbaum genannt.

Schon gewusst?

Eigentlich sind Platanen eine sehr alte Pflanzengattung; das weiß man, weil man fast 50 Millionen Jahre alte Versteinerungen davon gefunden hat. Die ahornblättrige Platane, die bei uns sehr häufig angepflanzt wird, ist jedoch eine relativ junge Art. Sie ist eine Kreuzung, die um 1650 aus der Amerikanischen Platane und der Morgenländischen Platane entstanden ist.

Lebensraum

Die ahornblättrige Platane wird bei uns vor allem als Park- und Straßenbaum angepflanzt.

Die Rinde der Platane hat ein richtiges Tarnmuster.

Ginkgo

Merkmale

Der Ginkgo ist ganz leicht an seinen Blättern zu erkennen: Diese sind sieben bis 14 Zentimeter lang, fünf bis zwölf Zentimeter breit und wachsen in Büscheln von drei bis fünf Exemplaren. In ihrer Form ähneln sie einem Fächer. Im Herbst färben sie sich leuchtend gelb. Dann fallen auch die rund zwei Zentimeter langen, gelbgrünen Früchte auf den Boden. Das Besondere daran: Die Früchte, die ähnlich wie Mirabellen aussehen, riechen unangenehm ranzig.

Höhe: 15 bis 30 Meter
Blütezeit: Mai bis Juni
Samenreife: Herbst

Schon gewusst?

Der Ginkgo ist der letzte Überlebende einer Pflanzengruppe, die vor rund 250 Millionen Jahren auf der ganzen Erde mit vielen verschiedenen Arten verbreitet war. Er ist älter als alle Baumarten, die es sonst gibt, und genau genommen gar kein Laubbaum, sondern ein enger Verwandter der Palmfarne und Nadelhölzer.

Lebensraum

Der Ginkgo stammt aus Ostasien. Bei uns findest du ihn in Gärten, Parks und an Straßenrändern. Das hat seinen guten Grund: Der stattliche Baum ist sehr robust und kommt mit Frost und Schadstoffen in der Luft gut zurecht.

Ginkgozweig mit Früchten

Die Blätter des Ginkgos sind leicht zu erkennen.

Walnussbaum

Höhe: 15 bis 30 m
Blütezeit: April bis Mai
Samenreife: September bis Oktober

Walnussbäume können sehr alt werden.

Merkmale

Walnussbäume haben eine merkwürdige Eigenart – sie sind die meiste Zeit kahl: Im Mai treiben sie aus, im September fällt das Laub ab. Dennoch sind die gefiederten Blätter ihr Erkennungsmerkmal. Beim Austrieb sind sie rotbraun gefärbt und werden allmählich grün. Wenn du sichergehen willst, dann zerreibe ein Blatt und rieche daran. Walnussblätter duften aromatisch!

Das Beste an den Walnussbäumen sind natürlich die Nüsse. Sie sind von einer dicken, grünen Schale umgeben. Sobald sie aufplatzt, sind die Nüsse reif und können geerntet werden.

Lebensraum

Walnussbäume benötigen viel Licht und einen guten Boden. Du findest sie einzeln stehend, zum Beispiel an Wegrändern oder als Hausbaum neben einem Bauernhof.

Anfangs stecken die Nüsse noch in einer grünen Hülle.

Probiers aus!

Nimm im Herbst eine Walnuss und stecke sie in einen Blumentopf mit Erde. Gib eine Schicht Moos darüber und stelle den Topf an einen kühlen, frostfreien Platz, zum Beispiel in den Keller. Gieße das Ganze hin und wieder, damit die Erde feucht bleibt. Stelle den Topf ab Mitte Mai nach draußen. Mit etwas Glück keimt die Nuss und wächst bis zum Herbst zu einem 15 Zentimeter großen Bäumchen heran.

Esskastanie

Höhe: bis 30 m
Blütezeit: Juni bis August
Samenreife: Mitte Oktober

Eine junge Esskastanie

Merkmale

Am leichtesten erkennst du die Esskastanie im Herbst, wenn sie Früchte trägt: Dann hängen meist ein bis drei stachelige, grüne Kugeln an den Enden der Zweige. Darin befinden sich die Früchte, Maronen genannt. Im Frühsommer, zur Blütezeit, trägt die Esskastanie männliche und weibliche Kätzchen-Blütenstände, die bis zu 15 Zentimeter lang werden können. Die Blätter der Esskastanie sind an der Oberseite dunkelgrün, lang und schmal und an den Rändern gekerbt.

Lebensraum

Esskastanien sind im Süden Europas beheimatet – sie brauchen ein mildes Klima. Bei uns gedeiht die Esskastanie in frostfreien Regionen, zum Beispiel in den Weinbaugebieten am Rhein und an der Mosel sowie im Tessin in der Schweiz.

Die Früchte sehen aus wie kleine grüne Igel.

Leckerer Herbst-Snack

Esskastanien kannst du selbst zubereiten: Schneide mit einem Messer die Schalen der Maronen an der gewölbten Seite kreuzweise ein, lege sie auf ein Backblech und stelle die Temperatur des Backofens auf 200 Grad Celsius. Die Maronen sind gar und innen weich, wenn sich die Schalen an den Einkerbungen nach oben wölben. Vorsicht beim Herausnehmen – das Backblech und die Maronen sind heiß!

Linde

Höhe: bis 40 m
Blütezeit: Juni
Samenreife: September bis Oktober

Merkmale

Linden haben grüne, herzförmige Blätter, die an den Rändern leicht gesägt sind und sich im Herbst gelb färben. Im Juni tragen sie unzählige kleine grüngelbe Blüten. Bienen mögen den Nektar der Lindenblüten sehr. Deshalb ist bei gutem Wetter im Frühsommer ein ständiges Summen unter den Linden zu hören. Aus den Blüten entwickeln sich bis in den Herbst kleine kugelförmige Nüsschen, die an einem schmalen Blatt hängen.

Lindenblüten ergeben einen Erkältungstee.

Lebensraum

Wenn du in einem Dorf einen weit ausladenden Baum an einem zentralen Platz entdeckst, dann ist dieser Baum sehr wahrscheinlich eine Sommerlinde. Linden wachsen auch frei stehend am Rand von Wiesen.

Übrigens: Mit der Winterlinde und der Silberlinde gibt es bei uns zwei weitere Arten. Sie werden jedoch nur rund 30 Meter hoch und sind damit etwas kleiner als die Sommerlinde.

Ein schattiges Plätzchen unter einer alten Linde

Rotbuche

Merkmale

Glatt – das ist eine typische Eigenschaft, die die Rotbuche das ganze Jahr über von anderen Bäumen unterscheidet. Glatt – das gilt für die Blätter und den Stamm beziehungsweise die Rinde. Sie ist grau und eben und umgibt das Holz wie eine Hülle. Die Blätter hängen an sehr dünnen Zweigen und sind oval. Rötlich ist an der Rotbuche übrigens nur das Holz.

Höhe: 25 bis 40 m
Blütezeit: April bis Mai
Samenreife: September bis Oktober

Lebensraum

Die Rotbuche ist der häufigste Laubbaum in Mitteleuropa. Er wächst auf dem Land und ist in Städten als Parkbaum zu finden. Dort pflanzt man auch eine spezielle Form der Rotbuche, die Blutbuche. Sie trägt dunkle, rote Blätter.

Zwei prächtige Rotbuchen

Buchenlaub im Herbst

Im Herbst findet man unter Rotbuchen die zahlreichen, allerdings leicht giftigen Früchte des Baums. Sie werden Bucheckern genannt. In ihnen verbergen sich die rotbraunen Samen.

Eichen sollst du weichen …

… Buchen sollst du suchen. So lautet eine Eselsbrücke, wenn es gilt, sich bei Gewitter in Sicherheit zu bringen. Doch Vorsicht: Diese Regel schützt nicht vor einem Blitzschlag. Meide bei Gewitter jede Art von Bäumen. Wenn du draußen von einem Gewitter überrascht wirst, dann kauere dich in der Hocke auf den Boden, ziehe die Arme an den Körper und den Kopf ein.

Ulme

Früher fertigte man aus Ulmenholz auch Wagenräder.

Höhe: 30 bis 40 m
Blütezeit: März
Samenreife: Mai bis Juni

Merkmale

Eine bei uns häufig vorkommende Ulmenart ist die Bergulme. Alle zwei Jahre zeigen sich im März mehrere Wochen, bevor die Ulme austreibt, die Blüten in kleinen, rosafarbenen Büscheln. Aus

Schon gewusst?

Wagenräder, Felgen, Wagengestelle, Speichen – Ulmenholz wurde früher für Fahrzeuge verwendet. Heute wird das Holz der Ulme zu Parkettböden verarbeitet.

Lebensraum

Bergulmen gedeihen am besten in einem leicht schattigen Gelände und auf gutem Boden. Dort können sie bis zu 400 Jahre alt werden.

Bei uns gibt es neben der Bergulme noch die Flatterulme, die in der Nähe von Flüssen zu finden ist. Die dritte bei uns heimische Art, die Feldulme, sieht man aufgrund des Ulmensterbens nur noch ganz selten.

ihnen entwickeln sich in zwei bis drei Monaten die Samen, die mal von eiförmigen, mal von rundlichen Flügeln umgeben sind. Der Wind wirbelt die Samen durch die Luft und sorgt dafür, dass sich die Bergulme verbreitet.

Ulmen werden leider immer seltener.

Apfelbaum

Höhe: bis 10 m
Blütezeit: April bis Mai
Früchte: ab September

Apfelblüte im Frühling

Hast du schon einmal einen solchen Apfel probiert? Vorsicht beim Hineinbeißen – Früchte des Holzapfels sind hart und sehr sauer! Außerdem solltest du aufpassen, wenn du auf einen solchen Baum kletterst: Wilde Apfelbäume haben Dornen!

Merkmale

Der Wilde Apfelbaum – auch Holzapfel genannt – ist verhältnismäßig klein, aber sehr ausladend. Im Frühjahr ist er mit unzähligen weiß-rosafarbenen Blüten übersät. Im Herbst trägt der Baum etwa zwei bis drei Zentimeter große Früchte. Sie sind gelbgrün und an der Stelle, auf die die Sonne scheint, ein wenig gerötet.

Schon gewusst?

„An apple a day keeps the doctor away." So lautet ein englisches Sprichwort, das man mit „Iss jeden Tag einen Apfel, dann brauchst du keinen Doktor" übersetzen kann. Dass Äpfel gesund sind, wusste man bereits in der Steinzeit. So lange schon werden Äpfel angepflanzt und gegessen. Heute gibt es unzählige Sorten mit großen, schmackhaften Früchten, die in Plantagen angebaut werden.

Lebensraum

Der Holzapfel ist die in Europa beheimatete Wildform des Apfels. Du findest ihn – wenn auch selten – am Waldrand und im sonnigen Gebüsch.

Pflaumenbaum

Merkmale

Pflaumenbäume erkennst du an ihrem Wuchs: Sie verzweigen sich verhältnismäßig dicht über dem Boden, sodass der Baum oft mehrere „Stämme" hat. Die Krone von Pflaumenbäumen wirkt zumeist etwas unregelmäßig. Im Frühjahr, wenn die Blätter austreiben, blühen sie üppig. Die weißen Blüten sind zart und klein und hängen teils einzeln, teils paarweise am Zweig. Im Sommer trägt der Baum fleischige Früchte mit einem ovalen Kern in der Mitte. Die Farbe der Früchte variiert je nach Art und Sorte von Gelb bis Violett.

Höhe: 4 bis 6 m
Blütezeit: Mai bis Juni
Früchte: August bis September

Lebensraum

Die Pflaume stammt ursprünglich aus Asien. Von dort hat sie – so nimmt man an – Alexander der Große nach Europa gebracht, wo es heute über 2000 verschiedene Sorten gibt. Pflaumen sind eigentlich Gartenbäume, die aber verwildert auch an warmen, sonnigen Stellen vorkommen können.

Pflaume oder Zwetschge?

Kennst du den Unterschied? Eins vorweg – die Zwetschge ist wie die Mirabelle mit ihren gelben Früchten eine Unterart der Pflaume. Zwetschgen sind länglich und haben einen Längsstreifen, Fruchtnaht genannt. Die rundlichen Pflaumen dagegen haben keine Fruchtnaht. Ein weiteres Merkmal: Das Fruchtfleisch löst sich von Zwetschgenkernen leichter als von Pflaumenkernen.

Die Blüten der Pflaume sind weiß.

Pflaumen gibt es in verschiedenen Farben.

Mispel

Merkmale

Mispeln haben auffallend große weiße Blüten, die den Baum von Mai bis Juni schmücken. Mit ihren fünf Blütenblättern sehen Mispelblüten den Blüten wilder Rosen sehr ähnlich. Ein gutes Unterscheidungsmerkmal sind jedoch die Blätter. Sie sind lang und schmal und an der Unterseite behaart. Obwohl Mispeln bis zu acht Meter hoch werden können, erreichen die meisten nur eine Höhe von vier bis sechs Metern. Ihre knorrigen Äste bilden ausladende Kronen.

Höhe: bis 8 m
Blütezeit: Mai bis Juni
Früchte: Oktober bis November

Schon gewusst?

Im Mittelalter waren Mispeln hoch geschätzt. Bereits Kaiser Karl der Große verfügte um 800 nach Christus, dass in jedem Klostergarten Mispelbäume zu stehen hatten. Von dort aus gelangte die Mispel in die freie Natur und verwilderte.

Die Früchte sind – je nach Sorte – rot- oder graubraun und haben mehrere rote Kerne. Typisch ist ihre tiefe Einkerbung an der Unterseite. Wie groß die Früchte sind, hängt von der Sorte ab – wilde Mispeln haben kleine Früchte, bei Kulturmispeln werden sie fünf bis sieben Zentimeter groß. Mispelfrüchte sind bis zum ersten Frost steinhart – erst danach werden sie weich und schmecken aromatisch.

Lebensraum

Mispeln stammen aus dem Gebiet der heutigen Türkei. Von dort aus gelangten sie vor rund 2000 Jahren nach Mitteleuropa. Bei uns gedeiht der Baum am liebsten an sonnigen, geschützten Stellen am Rand von Laubwäldern oder Gebüsch und in Gärten.

Die Mispel hat ausladende Äste.

Mispelzweig mit Früchten

Birnbaum

Höhe: bis 20 m
Blütezeit: April bis Mai
Früchte: September bis Oktober

Lebensraum

Birnen stammen ursprünglich aus der Region der heutigen Türkei. Egal ob Wild- oder Kulturbirne – sie mögen es warm. Wild findest du sie in Auwäldern sowie in der Nähe von Schlehen. Im Garten gedeihen Birnen am besten gegen die Witterung geschützt als Spalierobst. Übrigens sind „echte" Wildbirnen sehr selten, da sie sich über Jahrhunderte mit den Kultursorten gekreuzt haben.

Blühender Birnbaum

Merkmale

Ob du es glaubst oder nicht – Wildbirnen werden oft mit Wildäpfeln verwechselt. Dabei gibt es doch einige gute Unterscheidungsmerkmale. Ältere Bäume kannst du aufgrund ihrer Größe richtig zuordnen – Wildapfelbäume sind klein und haben eine kuppelförmige Krone, Wildbirnen sind eher hoch und schmal. Die Blätter der Wildbirne glänzen dunkelgrün; die Blüten sitzen in dichten Büscheln am Baum.

Süße Leckerei

Aus getrockneten Birnen, Dörrbirnen oder Kletzen genannt, wird seit dem Mittelalter Kletzenbrot gebacken. Die Früchte stammen von einer Birnensorte, die frisch nicht gut schmeckt – getrocknet aber umso besser. Kletzenbrot ist dunkelbraun und besteht aus einem saftigen, festen Teig, in dem man die Birnen- und Nussstückchen gut erkennen kann. Es ist sehr lange haltbar und nahrhaft.

Kirschbaum

Höhe: 15 bis 25 m
Blütezeit: April bis Mai
Früchte: Juli

Merkmale

Wildkirschbäume fallen das ganze Jahr über auf: Sie sind hoch und schmal, der Stamm glänzt rotbraun; die Querrillen darauf bilden ein unregelmäßiges Muster. Im Frühjahr blüht die Kirsche, bevor sie Blätter bekommt. Sie sieht dann von Weitem aus wie mit Puderzucker bestäubt. Schon wenige Monate später trägt sie kleine, leuchtend rote, glänzende Früchte mit einem harten Kern. Ähnlich bunt geht es in den Herbst – da färben sich die schmalen, gezackten Blätter erst gelb, dann rot.

Kirschblütenzeit

Die Baumrinde glänzt rötlich braun.

Lebensraum

Vogel- oder Wildkirschen findest du an Waldrändern. Sie mögen es hell und warm und kommen sehr gut mit trockenen Böden zurecht. Als äußerst robuste Pflanzen gehören sie gern zu den Ersten, die sich am Rand von kargen Kiesgruben oder Weinbergen ansiedeln.

Schon gewusst?

Wild- oder Vogelkirschen zählen zu den Süßkirschen. Sie wurden bei uns bereits in der Steinzeit verzehrt; weitere Süßkirschensorten kamen durch die Römer zu uns und haben sich mit den heimischen Wildkirschen gekreuzt. Die Früchte der Wildkirschen sind weniger süß als die der Kulturkirschen, dafür aber sehr aromatisch. Man stellt daraus zum Beispiel Tees, Liköre und Konfitüren her.

Nadelbäume

Kiefer

Merkmale

Die auffälligste Besonderheit der Kiefer sind die Nadeln. Sie sind vier bis sieben Zentimeter lang, blaugrün und spitz und stecken paarweise in einem kurzen braunen Schaft. Die Kiefer ist sehr anpassungsfähig. In höheren Lagen wächst sie – wie die Fichte – schmal und kegelförmig, im Tiefland breitet sie ihre Krone dagegen oft schirmförmig aus.

Höhe: 20 bis 30 m
Blütezeit: Mai bis Juni
Samenreife: September/ Oktober des folgenden Jahres

Schon gewusst?

Kiefern kannst du in den Bergen oberhalb der Baumgrenze finden. Die Bergkiefer oder Latsche, die dort wächst, ist in diesen Höhen kein aufrecht stehender Baum. Sie verzweigt sich dicht über dem Boden und breitet sich buschförmig aus.

Jahr! Auffällig ist auch die Stammfarbe – unten, in den ersten Metern über dem Boden, ist der Stamm graubraun, um dann in ein leuchtendes Rostrot überzugehen.

Lebensraum

Die Kiefer ist anspruchslos: Sie wächst an trockenen Standorten genauso wie in Mooren. Deshalb wurden – ähnlich wie bei Fichten – in einigen Gegenden ausgedehnte Kiefernwälder angepflanzt.

Die kleinen, kegelförmig geformten Zapfen sind anfangs grün und werden bis zum Herbst braun. Bis die Samen reif sind, dauert es allerdings ein ganzes

Raureif an Kiefernnadeln

Bergkiefer, auch Latschenkiefer genannt

Thuja

Höhe: bis 20 m
Blütezeit: März bis Mai
Samenreife: September bis Oktober

Merkmale

Die Thuja heißt auch Lebensbaum und diesem Namen macht sie alle Ehre: Sie ist nicht nur sehr widerstandsfähig gegenüber Kälte; sie treibt auch wieder aus, nachdem man sie zurückgeschnitten hat. Übrigens: Die Thuja erkennst du leicht an den leuchtend gelben Frühjahrstrieben. Obwohl sie zu den Nadel-

bäumen, genauer gesagt zu den Kiefernartigen gehört, hat sie keine Nadeln, wie wir sie von den übrigen Nadelbäumen kennen. Ihre immergrünen Triebe bestehen vielmehr aus einzelnen kleinen Schuppen, die sich immer weiter verzweigen.

Lebensraum

Auch wenn die Thuja bei uns sehr häufig zu finden ist, stammt sie eigentlich aus Nordamerika. Von dort kam sie Mitte des 16. Jahrhunderts zu uns. Da der immergrüne, schnittverträgliche Baum so dicht wächst, ist er bei uns eine beliebte Heckenpflanze.

Vorsicht!

Wenn du schon einmal an den Schuppentrieben der Thuja gezupft hast, hast du es ganz bestimmt bemerkt – sie duften sehr intensiv. Doch lass Vorsicht walten: Alle Teile des Baumes sind sehr giftig!

Thujahecken sind ein guter Sichtschutz.

Douglasie

Höhe: in Europa bis 60 m
Blütezeit: April bis Mai
Samenreife: August bis Oktober

Merkmale

Junge Douglasien erkennst du am besten am Stamm: Er ist grau und glatt. Aber das ist noch nicht alles – er ist mit Bläschen übersät, in denen sich Harz befindet. Wenn du ein Bläschen öffnest, kannst du an dem Harz riechen – es duftet nach Zitrone! Das gilt übrigens ebenso für die Nadeln.

Auffällig sind auch die rotbraunen, vier bis zehn Zentimeter langen Zapfen. Die Deckschuppen, die die Samen schützen, stehen ab. Deshalb sehen die Zapfen ein wenig struppig aus. Wenn er älter wird, wächst der Baum unregelmäßig.

Schon gewusst?

Douglasien werden durch Samen vermehrt. Das ist sehr aufwendig. Um die Samen zu ernten, klettern Baumpfleger bis zu 50 Meter und höher in die Baumwipfel. Douglasiensamen sind teuer – ein Kilogramm kostet zwischen 800 und 850 Euro.

Lebensraum

Douglasien, die ursprünglich aus Nordamerika stammen, wachsen sehr schnell. Daher wurden sie auch in unseren Wäldern angepflanzt. Für die Forstwirtschaft ist die Douglasie die wichtigste fremdländische Baumart.

Zweig einer Douglasie

Ein Zapfenpflücker im Einsatz

Eibe

Merkmale

Ältere Eiben sind leicht zu erkennen – als einzige Nadelbaumart tragen sie keine Zapfen. Ihre Samen sind von einem leuchtend roten, beerenähnlichen Samenmantel umgeben. Eiben wachsen äußerst langsam und verzweigen sich meist dicht über dem Boden. Im Vergleich zu Tannen und Fichten sehen Eiben ein wenig unförmig aus. Ihre Nadeln und Zweige sind sehr weich und biegsam, die Rinde ist rotbraun und löst sich in schmalen, länglichen Platten vom Stamm.

Höhe: bis 20 m
Blütezeit: März bis April
Samenreife: Oktober

Lebensraum

Eiben findest du nur noch vereinzelt in Wäldern. Weil sie so langsam wachsen und leicht zugeschnitten werden können, pflanzt man sie häufig in Gärten an. Doch Vorsicht – alle Teile bis auf die rote Hülle der Scheinfrüchte sind giftig!

Eiben findest du zugeschnitten oft in Parks.

Schon gewusst?

Eiben können sehr alt werden. Als Deutschlands älteste Eibe gilt die Hintersteiner Eibe im Allgäu auf einer Höhe von 1200 Metern. Aufgrund ihres Stammdurchmessers von etwa einem Meter wird sie auf rund 2000 Jahre geschätzt. Weil Eiben in den Wäldern so selten geworden sind, stehen sie bei uns auf der Roten Liste der bedrohten Pflanzenarten.

Nordmanntanne

Merkmale

Nordmanntannen haben kräftige, dichte Zweige, die üppig mit langen, leuchtend dunkelgrünen Nadeln besetzt sind. Überhaupt sind die Nadeln ein wichtiges Erkennungsmerkmal: Sie sind stumpf und haben auf der Unterseite

Höhe: 30 bis 60 m
Blütezeit: Mai bis Juni
Samenreife: September bis Oktober

zwei schmale, weiße Längsstreifen. Wenn du sie zwischen den Fingern zerreibst, duften sie. Junge Nordmanntannen wachsen verhältnismäßig breit; schlank und hoch wird der Baum erst im Lauf der Zeit. Die Zapfen der Nordmanntanne stehen senkrecht nach oben. Sammeln kannst du sie allerdings nicht – sie zerfallen am Baum, sobald sie reif sind.

Die Nordmanntanne ist als Weihnachtsbaum sehr beliebt.

Die Zapfen der Nordmanntanne stehen nach oben.

Oh Tannenbaum …

Bei Weihnachtsbäumen handelt es sich meist um Tannen. Jedes Jahr werden in Deutschland mehr als 25 Millionen Weihnachtsbäume verkauft, davon allein 16 Millionen Nordmanntannen. Die meisten Nordmanntannen-Weihnachtsbäume stammen übrigens aus Dänemark. Dort gedeihen sie im milden Küstenklima besonders gut und wachsen sehr schnell heran.

Lebensraum

Nordmanntannen stammen aus dem Kaukasus, einer Gebirgsregion Armeniens. Bei uns wächst die Nordmanntanne vor allem als Zierbaum in großen Gärten und Parks sowie in Weihnachtsbaum-Plantagen.

Fichte

Höhe: 30 bis 50 m
Blütezeit: Mai bis Juni
Samenreife: ab September

Merkmale

Fichten erkennst du am besten im Frühjahr an ihren Zapfen. Die männlichen, gelben Zapfen sind deutlich kleiner als die bräunlichen weiblichen. Anfangs stehen die Zapfen aufrecht. Nach der Blüte fallen die männlichen Zapfen ab, die weiblichen hängen nach unten. Sobald die Samen reif sind, lösen auch sie sich von den Ästen. Typisch für Fichten ist die Form und Anordnung der Nadeln. Sie sind vorn spitz und wachsen rings um die Zweige.

Fichten haben die Form eines Kegels.

Lebensraum

Eigentlich sind Fichten echte Bergbäume. Aufgrund ihrer Kegelform – sie werden nach unten hin breiter beziehungsweise nach oben hin schmaler – sind sie an die Witterung in großen Höhen mit viel Schnee hervorragend angepasst. Wegen ihres guten Holzes wurden Fichten besonders oft in Wäldern im Flachland angepflanzt.

Fichtenwälder

Reine Fichtenwälder wachsen schnell heran und bringen hohe Erträge. Doch sie bieten nur wenigen Tieren einen Lebensraum. Außerdem werden die Bäume sehr leicht Opfer von Schädlingen, zum Beispiel Borkenkäfern. Deshalb versucht man seit einiger Zeit, neben der Fichte auch noch andere Baumarten anzupflanzen. Dennoch ist bis heute jeder zweite Waldbaum eine Fichte.

Weibliche Zapfen werden bis zu 20 Zentimeter lang.

Zapfen-Luftfeuchtig-keitsmesser

Sammelst du hin und wieder Zapfen? Dann ist es dir sicher schon aufgefallen: Manchmal sind sie geschlossen, manchmal weit geöffnet. Warum? Unser Experiment bringt dich auf die richtige Spur …

Und so gehts:

Suche im Wald oder Park einen Kiefern- oder Fichtenzapfen. Befestige ihn mit Knetmasse auf einem Brett und stelle das Ganze an einen schattigen Ort ins Freie.

Notiere dir, welches Wetter gerade herrscht und ob der Zapfen geöffnet oder geschlossen ist. Kontrolliere, nachdem sich das Wetter geändert hat, wie dein Zapfen nun aussieht.

Was hast du beobachtet? Bei trockenem Wetter spreizen sich die Schuppen weit ab. Regnet es, dann schmiegen sie sich aneinander. So gesehen sind Zapfen Luftfeuchtigkeitsmesser!

Dazu benötigst du:

Einen Kiefern- oder Fichtenzapfen, Knetmasse, ein kleines Brett, Notizzettel und Bleistift

Bei Sonnenschein öffnet sich der Zapfen.

Bei Regen ist der Zapfen geschlossen.

Doch warum ist das so? Bei Regen besteht die Gefahr, dass die Samen nicht weit genug wegfliegen können oder in der Nässe faulen. Deshalb sind die Zapfen bei hoher Luftfeuchtigkeit geschlossen. Wenn es trocken ist, spreizen sich die Schuppen. Die Samen werden mit dem Wind verbreitet und keimen später am Boden aus.

Tipp!

Die Zapfen reagieren einige Zeit, bevor sich das Wetter ändert. Du kannst sie also als Wetterstation oder Barometer benutzen!

Weißtanne

Höhe: 30 bis 50 m
Blütezeit: Mai bis Juni
Samenreife: Oktober

Merkmale

Aus der Ferne erkennst du ältere Weißtannen an ihrem Wipfel – er ist viel breiter als der von Fichten, mit denen sie oft verwechselt werden. Und junge Weißtannen? Auch sie sind gut zu unterscheiden: Die Tannennadeln sind dunkelgrün, weich und vorn stumpf. Steht eine Tanne im Schatten, spreizen sich die Nadeln seitlich ab – es sieht so aus, als wäre der Zweig in der Mitte gescheitelt. Der Stamm der Weißtanne ist weißgrau; das erklärt ihren Namen. Wie bei der Nordmanntanne zerfallen die Zapfen bereits am Baum.

Lebensraum

Die Weißtanne ist in Mitteleuropa heimisch, allerdings hauptsächlich im Gebirge. Obwohl sie sich an das Klima und den Boden sehr gut angepasst hat, ist sie mittlerweile in unseren Wäldern sehr selten geworden. Das liegt auch an den Rehen und Hirschen, die die zarten Triebe der jungen Tannen anknabbern.

Schon gewusst?

Tannen leiden besonders stark unter der Luftverschmutzung. Sie waren die erste Baumart, bei der man großflächig Schäden erfassen konnte. Das Waldsterben ist daher vor allem ein Tannensterben. Geschädigte Tannen erkennt man am Wipfel: Wenn bereits junge Tannen einen sehr dichten Wipfel haben, dann sind sie krank.

Weißtannen findest du besonders häufig in den Bergen.

Die Nadeln der Weißtanne sind dunkelgrün.

Lärche

Merkmale

Lärchen erkennst du am leichtesten im Herbst und Winter. Ab etwa September färben sich die hellgrünen, weichen Nadeln leuchtend gelb. Im Winter fallen sie ab – dann ist der Baum komplett kahl. Überhaupt sind ihre Nadeln das Kennzeichen schlechthin. Sie sind zwischen einem und drei Zentimeter lang und wachsen in Büscheln von etwa 40 bis 50 Stück. Bevor die Nadeln austreiben, zei-

Höhe: 30 bis 40 m
Blütezeit: März bis Mai
Samenreife: September bis November

gen sich die rosafarbenen Blüten, aus denen sich bis in den Herbst kleine Zapfen entwickeln.

Lebensraum

Alte, frei stehende Lärchen können mächtige Bäume sein. Du findest sie im Flachland und hoch oben im Gebirge – sie kommen bis in Höhen von 2400 Metern vor.

Eine Lärche

Lärchenzweig

Unglaublich!

Im Ultental in Südtirol wachsen in einer Höhe von rund 1400 Metern drei sogenannte „Urlärchen", die schon allein durch ihren Stammumfang ins Auge fallen. Die „dickste" Lärche hat einen Umfang von über acht Metern! Die Urlärchen gelten nicht nur als die ältesten Lärchen Europas; mit ihren rund 2000 Jahren sind sie zugleich die ältesten Nadelbäume unseres Kontinents.

Sträucher

Sträucher

Haselnussstrauch

Höhe: 2 bis 6 m
Blütezeit: Februar bis April
Samenreife: August bis September

Merkmale

Der Haselnussstrauch braucht viel Platz: Die Pflanze verzweigt sich meist direkt über dem Boden und treibt fortwährend von unten aus. So bildet sich ein großer, kugelrunder Strauch. Fast rund, jedoch mit einer Spitze, sind auch die behaarten und am Rand gezähnten grünen Blätter. Besonders auffällig ist der Strauch im Frühjahr, wenn er Kätzchen trägt. In ihnen befindet sich der Blütenstaub, mit denen die kleinen weiblichen Blüten bestäubt werden.

Daraus entwickeln sich die Nüsse, die oft paarweise in einem Becher stecken. Sie sind grün und werden zur Reifezeit braun.

Lebensraum

Haselnusssträucher sind seit der letzten Eiszeit, die vor rund 10.000 Jahren zu Ende ging, bei uns sehr verbreitet. Du findest sie bevorzugt an sonnigen Stellen am Rand von Mischwäldern, als Heckenpflanze zwischen Feldern und natürlich in Gärten.

Schon gewusst?

Seit der Steinzeit sind Haselnüsse ein wichtiges Nahrungsmittel. Bei den Germanen durften die Büsche deshalb nicht gefällt werden. Im Mittelalter erntete man den Strauch alle zwei Jahre vollständig ab. Die Äste und Zweige wurden für Flechtzäune, Korbbügel, Fassreifen und Spazierstöcke verwendet.

Im Frühjahr trägt der Haselnussstrauch Kätzchen.

Sanddorn

Merkmale

Der Sanddorn wächst als Baum und als Strauch. Dennoch ist er verhältnismäßig leicht zu erkennen: Im Herbst trägt er orangerote, kleine Früchte. Doch Vorsicht beim Pflücken! Der Sanddorn hat – wie es der Name bereits sagt – Dornen! Auffällig sind nicht nur die Früchte, sondern auch die länglichen schmalen Blätter, die silbrig schimmern und sogar im Herbst ihre Farbe behalten. Von Weitem sieht der Sanddorn meist ein wenig merkwürdig aus – er wächst sparrig und bildet eine unregelmäßige Krone.

Höhe: 1 bis 4 m
Blütezeit: April bis Mai
Samenreife: ab September

Lebensraum

Der Sanddorn ist eine heimische Pflanze, die ursprünglich in ganz Europa verbreitet war. Weil sie jedoch sehr viel Licht benötigt, kommt sie in der Natur vor allem in den Sanddünen der Küstenregion und in grobsandigen oder kiesigen Flussauen vor. Wenn du einen Sanddorn zu Hause im Garten anpflanzen willst, solltest du vor allem einen sonnigen Standort wählen. Ansonsten ist die Pflanze eher anspruchslos.

Der Sanddorn hat kleine orangefarbene Früchte.

Sanddornsaft enthält besonders viele Vitamine.

Vitaminbombe

Sanddorn hat einen sehr hohen Gehalt an Vitaminen: 100 Gramm Beeren enthalten etwa 450 Milligramm Vitamin C – und damit doppelt so viel wie Zitronen! Dazu kommen das Vitamin B12, das Provitamin A oder Beta-Carotin und andere Carotinoide. Am besten, du trinkst Sanddornsaft – die rohen Früchte schmecken nämlich nicht.

Alpenrose

Merkmale

Der Name Alpenrose ist irreführend. Der immergrüne Strauch mit seinen länglich geformten, dunkelgrünen Blättern ist keine Rose. Die Pflanze gehört vielmehr zu den Rhododendrongewächsen. Das erklärt auch die Form der Blüten: Im Sommer trägt die Alpenrose Trauben mit kelchförmigen, rosaroten Blüten.

Höhe: bis 2 m
Blütezeit: Juli bis August
Samenreife: ab August

Blüten-teppich

Alpenrosen wachsen meist in dichten Beständen. Besonders eindrucksvoll sind sie im Sommer, wenn sie im Hochgebirge einen üppigen, dichten Blütenteppich bilden.

Lebensraum

Alpenrose – auch der erste Teil des Namens ist nicht ganz korrekt. Alpenrosen kommen nämlich nicht nur in den Alpen vor, sondern auch in allen anderen Hochgebirgen Europas, den Pyrenäen, den Karpaten und dem Apennin, und zwar in Höhen zwischen 1500 und 3000 Metern.

Die Blüten der Alpenrose sind rosarot.

Es gibt mehrere Alpenrosenarten. Die Bekannteste ist der sogenannte Almrausch: Damit bezeichnet man die Art, bei der die Blattunterseiten im Alter rostrot gefärbt sind.

Blätter der Alpenrose

Stechpalme

Höhe: bis 15 m
Blütezeit: Mai bis Juni
Samenreife: Oktober

Lebensraum

Die Stechpalme ist bei uns in der Natur heimisch. Du findest sie in Laub- und in Mischwäldern. Am besten gedeiht sie auf nährstoffreichem Boden. Im Wald wächst sie meist als Busch; frei stehend bildet sie einen dicken Stamm und kann als Baum bis zu 15 Meter hoch werden. Da sie sehr langsam wachsen, eignen sich Stechpalmen auch für Gärten: Eng nebeneinandergepflanzt bilden sie eine undurchdringliche Hecke.

Merkmale

Eine Stechpalme erkennst du sofort an ihren Blättern: Die dicken, ledrigen Blätter dieses immergrünen Strauchs glänzen an der Oberseite dunkel-, an der Unterseite hellgrün. Sie sind an den Rändern spitz gezackt. Im Frühjahr sitzen kleine weiße Blüten an den Zweigen; aus ihnen entwickeln sich bis in den Oktober leuchtend rote Steinfrüchte.

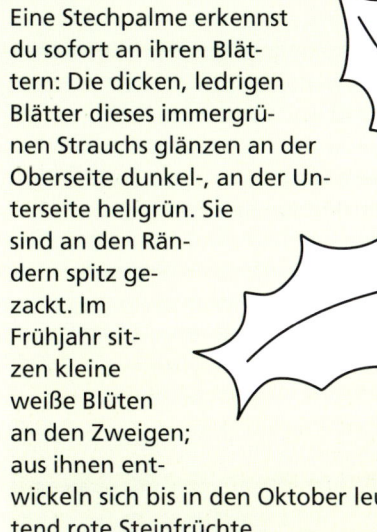

Die Stechpalme erkennst du sofort an ihren Blättern und an den roten Früchten.

Weihnachtsschmuck

Mistel-, Efeu- und Stechpalmenzweige sind in Großbritannien der traditionelle Weihnachtsschmuck. Dabei hat jede Pflanze eine besondere Bedeutung: Die Stechpalme hält nach einem uralten Brauch das Böse von einem Haus fern. Ihre spitzen Blätter sollen Hexen und Zauberer abschrecken.

Pfaffenhütchen

Höhe: 1 bis 5 m
Blütezeit: Mai bis Juli
Samenreife: August bis Oktober

Merkmale

Das Pfaffenhütchen hat seinen Namen aufgrund seiner Früchte. Es sind leuchtend rote Kapseln mit vier Klappen.

Ein Pfaffenhütchen

Wenn sie sich öffnen, kommen die Samen, die mit einem orangeroten „Mantel" überzogen sind, zum Vorschein. Damit erinnern sie in Form und Farbe an die Kopfbedeckung der Kardinale. Essen darfst du die hübschen Früchte auf keinen Fall, sie sind sehr giftig!

Typisch für das Pfaffenhütchen ist auch die Form der Äste und Zweige: Sie sind nicht rund, sondern nahezu viereckig geformt. Ansonsten ist der Strauch mit seinen kleinen, weißen Blüten und den länglichen Blättern eher unauffällig.

Schon gewusst?

Im Sommer kann es passieren, dass das Pfaffenhütchen kahl gefressen wird. Dann ist eine gefräßige Raupe, die Gespinstmotte, am Werk. Sie frisst nicht nur die Blätter, sondern überzieht die Pflanze mit weißen Netzwerken. Doch keine Angst: Pfaffenhütchen treiben wieder aus.

Lebensraum

Das Pfaffenhütchen ist ein heimisches Gehölz, das in lichten Laubwäldern, im Auwald und an Waldrändern vorkommt und in frei stehenden Hecken und an Böschungen angepflanzt wird. Obwohl das Pfaffenhütchen giftig ist, wollen viele Gartenbesitzer auf den hübschen Strauch nicht verzichten.

Die Früchte des Pfaffenhütchens sind sehr giftig.

Berberitze

Merkmale

Obwohl die Berberitze selbst ganz schön hoch werden kann, ist vieles an ihr ziemlich klein. So zum Beispiel ihre grünen, gezähnten Blätter, die in Büscheln an den dünnen Ästen und Zweigen wachsen. Klein sind aber auch die gelben Blüten, die in dichten Trauben die Zweige schmücken. Aus den Blüten entwickeln sich kleine, leuchtend rote Früchte. Berühren solltest du die Berberitze nicht – sie hat Dornen!

Lebensraum

Berberitzen gedeihen fast überall, in Meeresnähe und sogar in großen Höhen. Doch wild wachsend gibt es sie kaum noch. Die Berberitze kann nämlich als Zwischenwirt für eine Getreidekrankheit dienen. Deshalb wurde sie in der Natur fast ausgerottet. Umso häufiger werden Berberitzen in Gärten als Hecke angepflanzt. Dabei wird meist eine Zuchtform mit roten Blättern verwendet.

Höhe: 3 m
Blütezeit: Mai bis Juni
Samenreife: August bis Oktober

Vorsicht!

Die Berberitze ist fast vollständig giftig. Nur die vitaminreichen, roten Früchte der Berberitze sind weitgehend frei von den Giftstoffen Berberin und Berbamin und daher essbar. Seit Langem werden sie in Europa zu Marmelade und Konfitüre verarbeitet. In orientalischen Ländern nutzt man sie auch als Gewürz für Fisch, Braten und Reis.

Eine Berberitze im Herbst

Früchte der Berberitze

53

Schneeball

Merkmale

Am leichtesten ist der Schneeball an seinen weißen Blüten zu erkennen: Bei den Zuchtformen des Strauchs sind sie ku-

Höhe: 2 bis 4 m
Blütezeit: Mai bis Juli
Samenreife: August bis November

Bei der Wildform des Schneeballs sind die Blüten flach angeordnet.

gelrund und machen so dem Namen der Pflanze alle Ehre. Kaum weniger auffällig zeigen sich die flach angeordneten Blüten der Wildform. Hier sind die „echten" Blüten, die bestäubt werden können, von großen Scheinblüten umgeben, die zahlreiche Insekten anlocken. Die Blätter mit ihren drei bis fünf zuge-

spitzten Lappen färben sich im Herbst rot. Auch die kleinen, jedoch giftigen Steinfrüchte des Schneeballs sind rot.

Lebensraum

Den gewöhnlichen Schneeball findest du vor allem an feuchten Standorten, etwa an Ufern von Bächen, Flüssen und Seen sowie an Waldrändern. In Gärten werden oft Kulturformen mit kugeligen Blüten angepflanzt. Sie haben jedoch einen Nachteil: Die Kugelblüten sind unfruchtbar – im Herbst gibt es daher keine Früchte!

Schon gewusst?

Neben dem Gewöhnlichen Schneeball gibt es bei uns eine zweite Art, den Wolligen Schneeball. Seine Blätter sind oval und behaart. Die Früchte sind zunächst rot und werden, wenn sie heranreifen, schwarz.

Die Blüten des gezüchteten Schneeballs sind rund.

Wacholder

Höhe: 2 bis 10 m
Blütezeit: April bis Juni
Samenreife: August bis Oktober

Der Wacholder ist ein immergrüner Strauch.

Merkmale

Der Wacholder ist ein immergrüner Nadelstrauch, der sich meist direkt über dem Boden verzweigt und dann steil nach oben wächst. Seine Nadeln sind

Die beerenförmigen Zapfen des Wacholders

graublau und sehr spitz. Zerreibe ein paar davon vorsichtig zwischen deinen Fingern und rieche daran – sie duften sehr aromatisch. Im Frühjahr trägt der Wacholder dicht an den Zweigspitzen kleine, unscheinbare Blüten. Aus ihnen entwickeln sich zunächst grüne, dann schwarzblaue, bereifte Beerenzapfen.

Lebensraum

Der Wacholder ist bei uns weitverbreitet: Du findest ihn in lichten Wäldern und vor allem in sandigen Heiden, wo er neben den hellen Birken einen dunkelgrünen Farbtupfer abgibt. Eine Art, der nur 20 bis 30 Zentimeter hohe Zwergwacholder, wächst in Höhen von bis zu 3000 Metern.

Heimisches Gewürz

Die Wacholderbeeren werden gern zum Verfeinern von Speisen benützt. Sie sind das einzige Gewürz, das aus Nadelhölzern gewonnen wird. Außerdem gehören sie zu den wenigen Gewürzen, die aus Gegenden mit einem gemäßigten bis kühlen Klima stammen. Wacholderbeeren werden für Sauerkraut verwendet. Zusammen mit Lorbeerblättern und Kümmel passen sie auch sehr gut zu Fleisch.

Kornelkirsche

Höhe: 2 bis 8 m
Blütezeit: Februar bis April
Samenreife: August bis September

Die Kornelkirsche blüht als eine der ersten Pflanzen im Frühjahr.

Merkmale

Die Kornelkirsche erkennst du im späten Winter und Frühjahr an den zarten, sehr kleinen gelben Blüten, die in Büscheln dicht an den Ästen und Zweigen sitzen. Die Kornelkirsche blüht als eine der ersten Pflanzen, und zwar lange bevor die Blätter austreiben. Diese sind lang, schmal, leicht gewellt und laufen vorn spitz zu. Sehr viel auffälliger als die Blätter sind die Früchte. Sie sind – der Name des Strauchs deutet darauf hin – leuchtend rot und wie die „echten" Kirschen Steinfrüchte.

Schon gewusst?

Ungekocht sind die Früchte der Kornelkirsche extrem sauer. Als Gelee oder Marmelade schmecken sie jedoch sehr lecker. Und sie sind gesund: Kornelkirschen enthalten sehr viel Vitamin C!

Lebensraum

Die Kornelkirsche ist ein Hartriegelgewächs, das aus dem Mittel- und Schwarzmeerraum stammt. Bei uns wird der Strauch seit dem Mittelalter angepflanzt. Weil er nach dem Zurückschneiden immer wieder austreibt, ist er eine beliebte Heckenpflanze für den Garten. Verwildert kommt die Kornelkirsche bei uns an sonnigen und warmen Standorten vor, zum Beispiel an Böschungen und in frei stehenden Hecken.

Die Blüten sind klein und gelb.

Buchsbaum

Höhe: 3 bis 10 m
Blütezeit: März bis April
Samenreife: August

Merkmale

Man nennt ihn Buchsbaum, doch nur selten werden die Pflanzen baumgroß. Buchsbäume verzweigen sich dicht über dem Boden und wachsen in Buschform.

Der Buchsbaum hat kleine, ledrige Blätter.

Sie sind ganzjährig grün. Du erkennst sie auf einen Blick an ihren nur etwa einen Zentimeter großen, ledrigen Blättern. Im Frühjahr trägt der Buchsbaum in den Blattachseln kleine, gelbe Blüten, aus denen sich bis in den Herbst braune, harte Kapselfrüchte bilden.

Lebensraum

In der freien Natur findet man Buchsbäume ganz selten. Dafür gibt es sie umso häufiger in Gärten, zum Beispiel als Heckenpflanze oder in Kübeln. Buchs-

Buchsbäume können in die unterschiedlichsten Formen gebracht werden.

bäume wachsen sehr langsam und treiben immer wieder aus, wenn man sie zurückschneidet. Das ist auch der Grund, warum man sie als Beeteinfassungen in Bauerngärten nutzt. In vielen Schlossgärten gibt es Buchsbäume, die Gärtner zu unterschiedlichsten Formen – Kugeln, Würfeln und sogar Tierfiguren – zurechtgeschnitten haben.

Probiers aus!

Hast du oder jemand in deiner Familie ein Gartenbeet? Dann kannst du es mit einer hübschen Buchsbaumhecke einfassen. Einfach im Sommer Stecklinge von einem großen Buchsbaum abschneiden und einpflanzen. Jetzt heißt es warten – es kann bis zum nächsten Frühjahr dauern, bis deine Buchsbaumhecke angewachsen ist und selbst austreibt.

Baumhöhe messen

Zehn, 15 oder 20 Meter – wie hoch ist der Baum? An die Spitze klettern und eine Schnur zum Boden herunterlassen ist eine – sehr gefährliche – Möglichkeit, die du lieber nicht ausprobieren solltest. Mit diesem Experiment funktioniert es viel schneller und einfacher!

Und so gehts:

Gehe mit einem Freund in den Park und suche dir einen Stock, der ungefähr so lang wie dein Arm ist. Wähle einen Baum, dessen Höhe du messen möchtest.

Strecke deinen Arm nach vorn aus und halte den Stock senkrecht nach oben. Gehe so weit auf den Baum zu, dass der

Dazu benötigst du:

einen Stab (ca. 40–50 cm Länge), einen frei stehenden Baum, einen Partner (zum Beispiel einen Freund oder eine Freundin)

Stock und der Baum sich in deinem Blickfeld überlappen. Dein Freund steht neben dem Baum.

Drehe nun die Stockspitze um 90 Grad zur Seite; das untere Ende bleibt „am Stamm". Bitte deinen Freund, zur Seite zu gehen, und dirigiere ihn an die Stelle, an der sich die Stockspitze befindet.

Dort angekommen, muss dein Freund mit etwa einen Meter langen Schritten zum Baumstamm zurückgehen und dabei die Schritte zählen. Hat er zum Beispiel 20 Schritte zurückgelegt, dann ist der Baum 20 Meter hoch!

Flieder

Höhe: 2 bis 5 m
Blütezeit: April bis Mai
Samenreife: August bis Oktober

Merkmale

Der Flieder ist ein Großstrauch, der von Anfang an eher schmal in die Höhe wächst. Seine Rinde ist glatt und grau, seine schön geformten Blätter sind ebenfalls glatt und oval mit einer Spitze. Am eindrucksvollsten ist der Flieder, wenn er blüht. Dann schmücken den Busch unzählige Blüten in aufrecht stehenden Rispen. Das Beste an den Blüten: Sie duften herrlich und bieten vielen Insekten Nahrung!

Fliederblüten in voller Pracht

Lebensraum

Der Flieder ist eine sehr widerstandsfähige Pflanze, die Frost gut übersteht. Deshalb gedeiht er bei uns so schön. Ursprünglich kam die Pflanze nicht bei uns vor. Mitte des 16. Jahrhunderts brachte Ogier Ghislain de Busbecq (1522 – 1592), der Gesandte des österreichischen Kaisers, die ersten Pflanzen mit nach Wien. Heute gibt es in unseren Gärten mehr als 500 Sorten.

Schon gewusst?

Ogier Ghislain de Busbecq hatte nicht nur Flieder im Gepäck: Auf seiner Reise durch die Türkei sammelte er Blumen, die bis dahin bei uns kaum bekannt waren, darunter Tulpen, Hyazinthen und Kaiserkronen sowie die Ranunkel. Auch die Rosskastanie soll er nach Europa mitgebracht haben.

Der Flieder kann in verschiedenen Farben blühen.

Heidekraut

Höhe: 20 cm bis 1 m
Blütezeit: Juli bis September
Samenreife: September bis Oktober

chen des Heidekrauts sind die dünnen Triebe und die winzig kleinen Blätter. Letztere sind nur einen bis drei Millimeter lang und einen Millimeter breit. Knapp unterhalb der Triebspitzen zeigen sich im Sommer die kleinen, meist rosafarbenen Blüten, die eng nebeneinanderstehen.

Lebensraum

Das Heidekraut ist in ganz Europa verbreitet, in Tieflagen ebenso wie im Hochgebirge. Es gedeiht überall, wo der Boden nährstoffarm ist, also zum Beispiel auf Sandboden. Heidekraut breitet sich stark aus und bildet große Bestände.

Schon gewusst?

Heidekraut ist typisch für Heidelandschaften wie die Lüneburger Heide. Auch wenn diese Landstriche sehr natürlich wirken, sind sie meist ein Werk des Menschen: Viele Heidelandschaften entstanden erst, nachdem Moore trockengelegt wurden. Um ihren Charakter zu erhalten, muss die Heide bewirtschaftet werden: Schafe grasen dort und halten das Heidekraut kurz.

Merkmale

Das Heidekraut ist ein sparrig wachsender, immergrüner Kleinstrauch. Er kann – wenn er nicht zurückgeschnitten oder von Tieren angeknabbert wird – bis zu einem Meter hoch werden. Kennzei-

Heidekraut breitet sich stark aus.

Die Blüten des Heidekrauts

Schneebeere

Merkmale

Wenn du die weißen Beeren der Schneebeere auf den Boden legst und darauf-
springst, knallt es laut. Die weißen
Früchte werden deshalb auch oft Knallerbsen genannt. Die Blütezeit der
Schneebeere dauert mehrere Monate.
Deshalb findest du an diesem Strauch

Höhe: 1 bis 2,5 m
Blütezeit: Juni bis September
Samenreife: ab September

Die zartrosa Blüten der Schneebeere

oft neben den reifen, weißen Beeren
noch einige der zartrosa Blüten. Ansonsten ist die Schneebeere recht unscheinbar: Ihre Blätter sind klein und oval
geformt, die Zweige lang und überhän-
gend. Die Früchte bleiben bis in den
Winter am Strauch – deshalb auch der
Name Schneebeere.

Lebensraum

Die Schneebeere stammt aus Nordamerika, wo sie in Auwäldern zu finden ist.
Bei uns ist sie vor allem in Gärten und
Parks verbreitet und kommt in der
freien Natur in Hecken, Wäldern, Gebü-
schen und an Straßenrändern vor.

Unverwüstlich

Die Schneebeere vermehrt sich
hauptsächlich über unterirdische Rhizome, das heißt Wurzelspros-
sen, die sich ausbreiten und nach oben
hin austreiben. Wenn du einmal in deinem Garten eine Schneebeere angepflanzt hast, kann es passieren, dass sich
die Pflanze immer weiter ausbreitet – es
sei denn, du gräbst sie großflächig aus.

Schneebeeren werden auch Knallerbsen genannt.

Goldregen

Merkmale

Der Goldregen, der sich über dem Boden in mehrere Stämme teilt und bis zu sieben Meter hoch werden kann, gehört zu den imposantesten Ziersträuchern. Auffällig sind die Blätter und ganz besonders die Blüten. Die Blätter sind lang gestielt und bestehen – wie beim Kleeblatt – aus drei Teilblättchen. Die Blüten

Höhe: 2 bis 7 m
Blütezeit: Mai
Samenreife: August bis September

Vorsicht!

Auch wenn du noch so viel Lust hast, Blüten abzupflücken oder ein paar Schoten zu sammeln und einzupflanzen – lass die Finger davon! Goldregen ist in allen Teilen giftig; die höchste Giftkonzentration befindet sich in den Samen. Schon wenige Samen können tödlich sein, und zwar nicht nur für Menschen, sondern auch für Haustiere wie Kaninchen oder Meerschweinchen!

hängen im Mai als goldgelbe Pracht in langen Trauben von den Ästen und Zweigen. Aus ihnen wachsen bis in den Herbst bis zu sieben Zentimeter lange Schoten. Darin befinden sich die Samen.

Lebensraum

Der Goldregen stammt aus Südosteuropa und kommt bei uns fast nur als Gartenpflanze vor. Doch das ist gar nicht so ungefährlich. Warum? Der Goldregen ist giftig!

Der Goldregen kann bis zu sieben Meter hoch werden.

Schlehe

Höhe: 1 bis 3 m
Blütezeit: März bis April
Samenreife: ab September

Merkmale

Wenn du im zeitigen Frühjahr einen sparrigen Strauch siehst, der über und über mit weißen Blüten geschmückt ist, dann handelt es sich ziemlich sicher um eine Schlehe. Richtig? Schau genauer hin: Ein weiteres Erkennungsmerkmal sind die Dornen. Nach der Blüte treiben kleine, ovale Blätter aus, die – wie die Blüten – an Kurztrieben sitzen. Aus den Blüten entwickeln sich bis in den Sep-

tember hinein kleine violettblaue Steinfrüchte. Diese hängen dicht an den Ästen und sind leider erst nach dem Frost genießbar.

Die Schlehe wird übrigens auch Schwarzdorn genannt. Doch warum? Ganz einfach: Die rötlich braune Rinde der einjährigen Zweige verfärbt sich und ist im zweiten Jahr schwarz.

Schon gewusst?

Im Dickicht der Schlehe fühlen sich viele kleine Tiere wohl: Die Schlehe bietet rund 200 Insektenarten, darunter 73 Kleinschmetterlingen und 13 Wanzenarten, einen Lebensraum.

Lebensraum

Schlehen mögen es hell, warm und trocken. Du findest sie vor allem an sonnigen Hängen und Böschungen. Schlehen bilden Wurzelausläufer, aus denen neue Sträucher heranwachsen. Deshalb sind frei stehende Schlehenhecken sehr dicht und kaum zu durchdringen.

Eine Schlehe in voller Blüte

Die Schlehe hat kleine blaue Früchte.

Heckenkirsche

Höhe: 1 bis 3 Meter
Blütezeit: Mai bis Juni
Samenreife: ab Juli

Merkmale

Rote, kugelrunde Früchte – das sieht nach Kirsche aus. Doch der Schein trügt: Die Heckenkirsche ist keine Kirsche, sie gehört zu den Geißblattgewächsen. Der

Die Beeren der Heckenkirsche werden gern von Vögeln verspeist.

Strauch verzweigt sich dicht über dem Boden; seine leicht behaarten Blätter haben einen kurzen Blattstiel und sind oval geformt. Im Frühjahr trägt die Heckenkirsche zartgelbe Blüten, die – typisch für Geißblattgewächse – besonders intensiv in den Abendstunden duften

und viele Schmetterlinge anlocken. Übrigens gibt es neben der Roten Heckenkirsche auch die Schwarze Heckenkirsche. Sie wächst in Gebirgswäldern und hat rosa Blüten und schwarze Früchte.

Die Rote Heckenkirsche hat zartgelbe Blüten.

Lebensraum

Heckenkirschen sind – und dieser Teil des Namens trifft zu – Heckenpflanzen. Du findest sie in frei stehenden Hecken zwischen Feldern, an Wegrändern, am Waldrand und in Parks. Auch in naturnahen Gärten wird der Strauch gern angepflanzt.

Schon gewusst?

Auch wenn sie verführerisch aussehen – die erbsengroßen, leuchtend roten Früchte schmecken nicht. Und sie sind leicht giftig. Trotzdem hat die Heckenkirsche ihren Platz in den Gärten und Parks verdient: Die Beeren dienen als Nahrung für Vögel, die gern in den Sträuchern nisten.

Seidelbast

Höhe: 50 cm bis 1,5 m
Blütezeit: Februar bis April
Samenreife: August

verströmen. Sie sitzen direkt an den Triebspitzen. Diese Eigenschaft, Stammblütigkeit oder Kauliflorie genannt, kommt sonst nur bei tropischen Pflanzen vor! Die langen, schmalen Blätter sind ebenfalls auffällig. Sie befinden sich in den oberen Teilen der Zweige. Im Spätsommer bilden sich aus den Blüten kleine, leuchtend rote Steinfrüchte, die wie Beeren aussehen.

Lebensraum

Der Seidelbast mag es verhältnismäßig hell. Du findest ihn am einfachsten in lichten Laubwäldern, also zwischen Buchen, Ahornbäumen und Eichen. Am besten wächst er auf humusreichen, feuchten Böden. In den Alpen kommt er bis in Höhen von 2000 Metern vor.

Vorsicht!

Der Seidelbast gehört zu den giftigsten Pflanzen, die es bei uns gibt. Die meisten Giftstoffe befinden sich in der Rinde und in den Samen. Daher gilt: Finger weg, vor allem von den roten Früchten! Trotzdem ist der Seidelbast eine besonders geschützte Pflanze.

Merkmale

Der Seidelbast ist ein aufrecht wachsender Strauch. Im Frühjahr, noch bevor die Blätter austreiben, erscheinen die rosafarbenen Blüten, die einen starken Duft

Der Seidelbast hat leuchtend rote Steinfrüchte.

Rosarote Blüten des Seidelbasts

Liguster

Merkmale

Kennst du einen Busch, an dessen Triebspitzen kleine schwarze Beeren sitzen?
Dann ist es sicher ein Liguster! Die Beeren bleiben viele Monate, oft sogar den
Winter über, am Strauch. Im Frühjahr
treibt der Liguster stark aus und blüht
leuchtend weiß. Seine Blütentriebe stehen – wie später die Früchte – steil nach
oben. Ein weiteres Kennzeichen des Li-
gusters sind die länglichen, dunkelgrünen Blätter, die der Strauch oft bis weit
in den Herbst trägt.

Höhe: 3 bis 5 m
Blütezeit: Juni bis Juli
Samenreife: September bis Oktober

gedeiht. Als schnell wachsende Heckenpflanze ist er in Gärten sehr beliebt.
Doch hier wird er oft zurückgeschnitten
und verliert dadurch leider seinen Bee-
renschmuck!

Der Strauch wird gern als Hecke angepflanzt.

Lebensraum

Wild kommt der Liguster bei uns an
Waldrändern, in Hecken und in Auen
vor, wo er an trockenen Standorten gut

Der Liguster blüht weiß.

Schon gewusst?

Tiere lieben den Liguster: Biologen haben herausgefunden, dass nicht weniger als 21 Vogel- und zehn Säugetierarten die leuchtend schwarzen Beeren
fressen. Dazu kommen zahlreiche Insektenarten: Der Ligusterschwärmer, eine
Falterart, ist sogar nach dem Strauch benannt! Er ist einer der größten ein-
heimischen Schmetterlinge.

Heckenrose

Merkmale

Die Heckenrose hat leuchtend rosafarbene Blüten und duftet herrlich. Ihre Früchte, die Hagebutten, sind feuerrot. Dazu kommen die hübschen gefiederten Blätter. Kurz: Die Heckenrose ist eine der schönsten Blütenpflanzen überhaupt. Leider blüht sie nur kurz und hat jede Menge Stacheln! Neben der Heckenrose – die auch Hundsrose genannt wird – gibt es heute übrigens rund 30.000 verschiedene Rosensorten.

Höhe: 1 bis 3 m
Blütezeit: Mai bis Juni
Samenreife: August bis Oktober

Schon gewusst?

Die vermutlich älteste und berühmteste Rose Deutschlands ist eine Heckenrose. Sie wächst am Hildesheimer Dom und ist der Legende nach 1000 Jahre alt. Doch ganz gewiss ist das nicht. Fest steht: Als der Dom in Hildesheim im März 1945 durch Bomben zerstört wurde, verbrannte auch die Rose. Doch schon zwei Monate später trieb sie wieder aus!

Die Heckenrose duftet besonders intensiv.

Im Herbst ist die Heckenrose voller Hagebutten.

Lebensraum

Die Hunds- oder Heckenrose ist die bei uns am häufigsten wild vorkommende heimische Rosenart. Sie wächst bevorzugt an sonnigen Stellen im Garten und in der freien Natur an Waldrändern, in offenen Hecken und in Naturgärten.

Sommerflieder

Höhe: 3 bis 4 m
Blütezeit: Juli bis September
Samenreife: August bis Oktober

Merkmale

Typisch für den Sommerflieder sind die bis zu 30 Zentimeter langen Blütenrispen an den Zweigspitzen. Daran befinden sich unzählige kleine, sehr intensiv duftende Blüten, die im Hochsommer jede Menge Schmetterlinge anlocken. Je nach Sorte blüht der Sommerflieder violett, purpurrot, blau, rosa, gelb oder weiß. Die Blätter des Sommerflieders sind lang und schmal und vorn spitz zulaufend. Die Blattunterseite ist deutlich heller als die Oberseite.

Lebensraum

Der Sommerflieder stammt aus Asien, genauer gesagt aus China. Bei uns gibt es die Pflanze, die mit dem heimischen Flieder nicht verwandt ist, erst seit etwa 100 Jahren. Er ist eine beliebte Gartenpflanze, die an warmen, humusreichen Stellen am besten gedeiht.

Der Sommerflieder blüht in verschiedenen Farben.

Der Sommerflieder wird gern von Insekten besucht.

Holunder

Höhe: 3 bis 7 m
Blütezeit: Juni bis Juli
Samenreife: August bis September

Im Sommer reifen die Früchte des Holunders.

Merkmale

Im Frühling trägt er leuchtend gelbweiße Blüten an einer schirmförmigen Trugdolde, im Sommer schwarze Früchte – die Rede ist vom Holunder. Die rasch wachsende Pflanze verzweigt sich dicht über dem Boden und wächst meist als Strauch. Auffällig ist auch die Rinde der jungen Triebe: Sie ist graubraun und mit helleren Erhebungen übersät. Die dickeren Äste und der Stamm sind von einer längs gefurchten graubraunen, korkartigen Borke umhüllt.

Lebensraum

Der Holunder benötigt nährstoffreichen, warmen und lockeren Boden. Er wächst gern in offenen Hecken und am Waldrand. Vor allem aber findet man ihn – wie auch die Haselnuss – überall dort, wo Menschen leben, also zum Beispiel neben Bauernhöfen und sogar in der Nähe von Almhütten.

Die schirmförmige Trugdolde ist mit zahlreichen weißen Blüten übersät.

Erkältungstipp

Fast alle Teile des Holunders haben eine heilende Wirkung. Es gibt viele verschiedene Anwendungen. Wenn du erkältet bist, hilft dir Holundertee. Übergieße zwei Teelöffel getrocknete Holunderblüten mit kochendem Wasser und lasse die Mischung fünf Minuten ziehen. Trinke jeden Tag ein bis zwei Tassen davon! Alles ausgetrunken? Dann nichts wie ab ins Bett mit dir – schwitz dich gesund!

Heidelbeere

Merkmale

Heidelbeersträucher erkennst du am leichtesten im Sommer und Frühherbst, wenn ihre leckeren Früchte reif sind. Dann tragen die Sträucher zahlreiche kleine, blau bereifte, sehr saftige Beeren. Reife Beeren sind sehr empfindlich. Am besten ist es, du steckst sie gleich in den Mund!

Höhe: 15 bis 50 cm
Blütezeit: Mai bis Juni
Samenreife/Früchte: Juli bis September

Die Sträucher selbst sind ziemlich unscheinbar. Die niedrig wachsenden Heidelbeersträucher haben kleine, ovale Blätter; der Blattrand ist gesägt. Sie verzweigen sich stark und bilden mit der Zeit einen undurchdringbaren dichten Pflanzenteppich.

Lebensraum

Heidelbeeren findest du in Laubwäldern und vor allem in Heidemooren. Am besten gedeihen sie auf Lehm- und Torfböden. Besonders häufig kommen sie in Skandinavien vor. Bei uns werden sie auch in großem Maße für den Verkauf angebaut.

Schon gewusst?

Heidelbeeren werden auch Blaubeeren genannt. Das hat seinen guten Grund. Egal, ob du sie direkt vom Strauch oder als Blaubeerkuchen isst: Blaubeeren färben sehr stark ab. Nach dem Genuss der leckeren Früchte ist nicht nur die Zunge blaurot, meist sind es auch die Zähne und die Lippen. Doch keine Angst – Blaubeeren sind sehr gesund!

Heidelbeeren werden auch Blaubeeren genannt.

Brombeere

Höhe: 50 cm bis 2 m
Blütezeit: Juni bis August
Samenreife/Früchte: August
bis Oktober

Merkmale

Brombeeren treiben direkt vom Boden lange, sehr stachelige Stängel aus. Die Stacheln schützen die Pflanze davor, dass Wildtiere sie anknabbern. Andererseits kann sie sich damit auch an benachbarten Pflanzen „festhalten". Brombeersträucher können auf diese Weise bis zu zwei Meter hoch werden und dabei ein undurchdringliches Dickicht bilden! Im Sommer trägt der Strauch weiße Blüten, die sich zu schwarzen Früchten entwickeln. Das Besondere an diesen ist: Wenn du sie abzupfst, löst sich der Fruchtboden gleich mit.

Brombeeren schmecken lecker.

Lebensraum

Brombeeren sind bei uns heimisch. Weil sie so anspruchslos sind, sind sie sehr weitverbreitet: Du findest sie oft an Waldrändern, in frei stehenden Hecken und sogar an sandigen und steinigen Standorten.

Probiers aus!

Schneide mehrere Stücke von einem Brombeertrieb ab. Fülle hohe Töpfe mit Anzuchterde, setze die Stecklinge hinein, gieße sie und decke sie mit Folie ab. Nach drei bis vier Wochen erscheinen die ersten Blätter!

Himbeere

Höhe: 1 bis 2 m
Blütezeit: Mai bis Juni
Samenreife/Früchte: ab Juli

Rezept

Im Frühjahr kannst du aus frischen Himbeerblättern einen leckeren Tee zubereiten: Mische die Himbeerblätter mit Blättern von Brombeeren und Lindenblüten – das schmeckt lecker und ist sehr gesund.

Merkmale

Wie die Brombeere hat auch die Himbeere gefiederte Blätter, die an langen Trieben gebildet werden und an denen im Frühsommer weiße Blüten sitzen. Kein Wunder – Himbeeren und Brombeeren sind eng miteinander verwandt. Doch es gibt einige Unterschiede: Die Früchte der Himbeeren sind rosarot. Wenn du eine reife Himbeere abzupfst, bleibt – anders als bei Brombeeren – der Blütenboden am Strauch hängen. Dazu kommt ein weiterer Unterschied: Die

Stacheln, die an den Himbeertrieben sitzen, sind bei Weitem nicht so lang wie die von Brombeersträuchern.

Lebensraum

Himbeeren sind bei uns heimisch und weitverbreitet. Sie gedeihen in frei stehenden Hecken, am Waldrand, in Steinbrüchen und Kiesgruben. Wenn sie in Gärten und auf Plantagen angebaut werden, bindet man die Ruten an lange, waagrecht gespannte Drähte – so kann man die leckeren Früchte später leichter ernten.

Aus Himbeerblättern kann man einen leckeren Tee zubereiten.

Preiselbeere

Merkmale

Mit ihren kleinen, ledrigen, oval geformten Blättern, die bis zu drei Jahre
am Strauch bleiben, sind Preiselbeeren
immergrüne Kleinsträucher. Typisch ist
auch die lange Blütezeit: Die rosafarbe-

Höhe: 10 bis 30 cm
Blütezeit: Mai bis September
Samenreife/Früchte: August
bis Oktober

Ein Preiselbeerteppich

Lebensraum

Preiselbeeren findest du häufig in der
Nähe von Heidelbeeren. Sie wachsen in
Mittel- und Nordeuropa in Laubwäldern
und in Heidemooren. Die Beeren nörd-
lich des Polarkreises erhalten viel Sonnenlicht und sind deshalb besonders
aromatisch.

nen Blütentrauben schmücken den
Strauch von Mai bis September. Da die
roten Beerenfrüchte schnell reifen, fin-
dest du Blüten und Früchte zur gleichen
Zeit am Strauch. Preiselbeeren breiten
sich mit Trieben aus, die dicht über dem
Boden wachsen und an bestimmten
Stellen neue Wurzeln bilden. Mit der
Zeit entsteht an Orten, wo zunächst nur
wenige Pflanzen waren, oft ein richtiger
„Preiselbeerteppich".

Preiselbeeren wachsen meist in Wäldern und Mooren.

Schon gewusst?

Weil sie so üppig gedeihen, gehören Preiselbeeren in Skandinavien zur Haus-
mannskost. Man verarbeitet sie zu Kompott und isst sie zu Fleischbällchen
und Fisch – echt lecker! In anderen Ländern, in denen die aromatischen Beeren sehr viel seltener sind, sind sie eine angesagte Spezialität mit Luxus-Flair!

Naturquiz

Hand aufs Herz: Wie gut kennst du dich mit Bäumen und Sträuchern aus? Mit unserem Wissenstest kannst du dein Know-how überprüfen. Leg los! Die Lösungen findest du auf Seite 80.

1. Welcher Baum, der meist in Strauchform wächst, kann auf fast jede beliebige Form zugeschnitten werden?
a) Liguster
b) Buchsbaum
c) Berberitze

2. Warum ist die Ernte von Douglasiensamen so aufwendig?
a) Douglasiensamen werden einzeln vom Boden aufgelesen.
b) Douglasiensamen werden aus noch unreifen Zapfen gewonnen. Die Zapfen werden vom Baum geerntet.
c) Die Samen sind mit einer dicken, klebrigen Harzschicht überzogen.

3. Wie hoch kann ein Heidekraut in etwa werden?
a) Etwa 1 Meter
b) Etwa 50 Zentimeter
c) Etwa 25 Zentimeter

4. Worin unterscheiden sich Fichten- und Tannenzapfen?
a) Fichtenzapfen stehen anfangs aufrecht, hängen später nach unten und fallen als Ganzes ab. Tannenzapfen stehen immer aufrecht; im Herbst lösen sich die Schuppen, sodass nur ein Stängel übrig bleibt.
b) Tannenzapfen sind länger als Fichtenzapfen.
c) Fichtenzapfen fallen ab, bevor die Samen reif sind. Die Samen reifen am Boden.

5. Aus welchem Laubbaum wird brauner Sirup gewonnen?
a) Birke
b) Ahorn
c) Linde

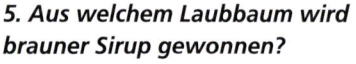

6. Welche heimischen Beerensträucher wachsen bevorzugt auf Heideböden und in Wäldern?
a) Brombeeren und Himbeeren
b) Buchsbaum und Schlehe
c) Heidelbeeren und Preiselbeeren

10. Was ist das Besondere an Walnussbäumen?
a) Walnüsse wachsen – wie Erdnüsse – in der Erde.
b) Walnüsse keimen erst nach zwei Jahren.
c) Walnussbäume sind die längste Zeit des Jahres kahl. Wenn sie austreiben, sind die Blätter rot-braun gefärbt und werden dann grün.

7. Worin unterscheidet sich der Ginkgo von den Laubbäumen?
a) Der Ginkgo ist eigentlich gar kein Laubbaum, sondern ein enger Ver-wandter der Palmfarne und Nadel-hölzer.
b) Der Ginkgo ist zwar ein Laubbaum, trägt aber Nadeln.
c) Der Ginkgo ist weltweit der einzige Baum, der im Herbst austreibt und im Frühjahr sein Laub abwirft.

11. Aus welchen Teilen der Linde kann man einen Tee zubereiten, der gegen Erkältung hilft?
a) Aus den Blüten
b) Aus den Wurzeln
c) Aus den Blättern

8. Welcher Obstbaum wird bei uns schon seit der Steinzeit kultiviert?
a) Pflaume
b) Apfel
c) Mispel

12. Welche Bäume wachsen am liebs-ten in der Nähe von Gewässern?
a) Eichen und Platanen
b) Silberweiden und Erlen
c) Ulmen und Rotbuchen

9. Wie kommt es, dass man im Frühjahr rot und weißlich blühende Rosskasta-nien sieht?
a) Es gibt zwei verschiedene Arten, die rote Rosskastanie und die weiße Rosskastanie.
b) Die Blüten haben anfangs gelbe und dann rote Flecke.
c) Rot blühende Rosskastanien sind von einem Pilz befallen; sie sind krank.

Erklärungen

Bedecktsamer: Pflanzen, bei denen der Samen im Fruchtknoten eingeschlossen ist. Bedecktsamer werden meist durch Insekten bestäubt. Die bekanntesten Vertreter sind Obstbäume.

Chlorophyll: Auch Blattgrün genannt. Ein grüner Farbstoff in den Zellen von Pflanzen, der es ermöglicht, Fotosynthese zu betreiben.

Dolde/Trugdolde: Ein Blütenstand. Bei einer Dolde verzweigen sich Blütenstiele von einem Punkt aus. An ihren Spitzen sitzen viele, meist kleine Blüten. So bildet sich eine Art Blütenschirm. Trugdolden sehen Dolden zum Verwechseln ähnlich: Anders als bei der Dolde bildet die Hauptachse eine Blüte. Holunderblüten sind Trugdolden.

Fotosynthese: Ein Prozess, bei dem Pflanzen aus Wasser und Kohlendioxid mithilfe von Chlorophyll und der Energie des Sonnenlichts Zucker für ihre Ernährung erzeugen.

Gebuchtet: Eine Blattform. Gebuchtete Blätter haben wellenförmige Einkerbungen. Die Eiche hat zum Beispiel gebuchtete Blätter.

Gefiedert: Eine Blattform. Bei gefiederten Blättern setzen sich die Blätter aus kleinen Blättchen zusammen. Sie wachsen links und rechts von einer Mittelrippe. Walnuss, Robinie und Eberesche haben gefiederte Blätter.

Gelappt: Eine Blattform. Gelappte Blätter haben spitze Einkerbungen, sodass das Blatt aus mehreren Abschnitten bzw. „Lappen" besteht. Ahorn und Platane haben gelappte Blätter.

Gezähnt: Eine Blattform. Bei gezähnten Blättern ist der Rand nicht glatt, sondern mit Zähnchen besetzt. Der Haselnussstrauch und die Espe haben zum Beispiel gezähnte Blätter.

Handförmig gefiedert/gefingert: Eine Blattform. Handförmige, gefiederte beziehungsweise gefingerte Blätter teilen

sich von einem Punkt aus in einzelne Blättchen. Die Ross- und Edelkastanie haben handförmig gefiederte beziehungsweise gefingerte Blätter.

Immergrün: Die Pflanze trägt das ganze Jahr über grüne Blätter. Buchsbaum und Stechpalme sind immergrün.

Kätzchen: Hängende Blütenstände. Weide, Birke und Haselnuss tragen Kätzchen.

Nacktsamer: Pflanzen, bei denen der Samen offen an den Fruchtblättern sitzt. Sie vermehren sich mithilfe des Windes, der die Samen weiterträgt. Bekannte Vertreter sind der Ginkgo und die meisten Nadelbäume.

Rhizom: Wurzelsprosse. Pflanzen können sich über Rhizome vermehren, wenn sich die Wurzelsprosse ausbreiten und an mehreren Stellen austreiben. Die Schneebeere bildet Rhizome.

Sommergrün: Die Pflanze trägt nur während der Frühjahrs- und Sommermonate Blätter. Im Herbst verfärben sich die Blätter und die Pflanze wirft sie ab.

Traube: Ein Blütenstand. Die Blüten sitzen an einer Hauptachse, von der sich Blütenstiele mit den Blüten verzweigen. Der Goldregen hat einen traubenförmigen Blütenstand.

Naturschutz und Rote Liste

Die Natur bietet nicht nur schöne Pflanzen, Tiere und Landschaften, sondern ist für uns Menschen auch die Grundlage unserer Existenz. Doch je stärker die Bevölkerung wächst, desto mehr wird

Sei sorgsam im Umgang mit der Natur!

die Natur auch genutzt und belastet. Deshalb muss sie gezielt geschützt werden. Trotz aller Bemühungen sind viele Pflanzen und Tiere bis heute vom Aussterben bedroht.

Pflücke daher keine Pflanzen und fange keine Tiere, die du nicht kennst. Es könnten geschützte Arten sein. Wenn du wissen willst, welche Arten besonders oder sogar streng geschützt sind, schaue auf der Internetseite www.wisia.de nach.

Etwas ganz Besonderes ist die Rote Liste. Sie wird auch als Fieberthermometer des Naturschutzes bezeichnet. In der Roten Liste verraten uns Experten, welche Pflanzen- und Tierarten bei uns so selten vorkommen, dass diese Arten bald aussterben könnten – wenn wir uns nicht um sie kümmern. Solche Arten kommen dann auf die Rote Liste gefährdeter Arten. Und Rot bedeutet einfach: Achtung! Aufpassen!

Willst du mehr über unsere Natur und ihren Schutz erfahren, dann mach mit bei den Naturdetektiven des Bundesamtes für Naturschutz. Gehe im Internet einfach auf die Seite www.naturdetektive.de.

Unsere Erde braucht besonderen Schutz.

Register

Lösungen und Bildnachweis

Lösungen

1 b), 2 b), 3 a), 4 a), 5 b), 6 c), 7 a), 8 b), 9 b), 10 c), 11 a), 12 b)

Bildnachweis